La Susurradora

RICK JOHNSON

Autor de Mejores papás, hijos más fuertes

La Susurradora

Habla el lenguaje de tu hombre para sacar lo mejor de él

Unilit
Sepa

Publicado por
Unilit
Medley, FL 33166

Primera edición 2013
Primera edición 2015 (Serie Favoritos)

Originalmente publicado en inglés con el título:
The Man Whisperer por Rick I. Johnson.
Publicado por *Revell*, una división de Baker Publishing Group,
Grand Rapids, Michigan, 49516, U.S.A.
www.revellbooks.com

Traducción: Rojas and Rojas Editores, Inc.
Fotografía de la cubierta: © 2012, iofoto. Usada con permiso de Shutterstock.com.

Producto 497024 • ISBN 0-7899-2271-1 • ISBN 978-0-7899-2271-7
eBook ISBN 0-7899-5829-5 / 978-0-7899-5829-7

Impreso en Colombia / *Printed in Colombia*

Categoría: Vida cristiana /Vida práctica /Mujeres
Category: *Christian Living / Practical Life / Women*

Dedicado a mi preciosa
(e influyente) novia,
Suzanne.

Contenido

Contenido

Reconocimientos

Me gustaría reconocer a todas las grandes mujeres que me ayudaron a escribir este libro al darme sus impresiones en cuanto a la misteriosa, complicada y a veces atemorizante mentalidad del género femenino... ustedes saben quiénes son.

También me gustaría darle muchísimas gracias a Becky Johnson por su inspiración y sus perspectivas clave para este libro.

La influencia de la femineidad aplicada es, mídase como se mida, increíblemente decisiva. En cada cultura, en cada edad, el poder es impresionante. Y peligroso. Como cualquier depósito de poder, puede utilizarse para bien o para mal. Su impacto puede ser constructivo o destructivo. Cual poderoso río, es una fuerza que puede hacer girar las turbinas y generar electricidad para alumbrar una comunidad, un hogar y la totalidad de la vida de un hombre. Sin embargo, indisciplinada y desenfrenada, puede devastar, desmoralizar y destruir por completo.

Algunas mujeres no tienen ni idea de cuánto poder tienen, y esas son las que de por sí destruyen a sus esposos. Otras mujeres son bien conscientes de su poder y toman la decisión de ser controladoras en gran medida. En cambio, hay otras que, muy conscientes del poder que Dios ha depositado en su femineidad, toman una deliberada decisión de usar ese poder solo para bien.

Stu Weber, *Four Pillars of a Man's Heart*

1

El susurro de una mujer

> Una mujer puede aplastar con mucha facilidad el espíritu de un hombre. Con una mirada. Con una palabra. Con un gesto de indiferencia [...] Su falta de confianza en él es castrante del todo, y muchas veces increíblemente sutil. Como una navaja fina y bien afilada, corta en lo profundo y penetra hasta la misma esencia de su alma masculina.
>
> Stu Weber, *Four Pillars of a Man's Heart*

¿Cuál es la diferencia entre un «entrenador de caballos» y un «susurrador de caballos»? La diferencia es que el que susurra recibe un doctorado en caballos, estudia al animal y se expresa en su lenguaje en vez de tratar de lograr que el animal llegue a ser más como una persona.

El entrenador solo exige que el caballo obedezca y encaje en su mundo. En esencia, el entrenador crea un animal obediente, castrado e intimidado. Algunos hombres casados por mucho tiempo con mujeres supercontroladoras pueden identificarse con estos caballos castrados. A los sementales los castran a menudo para hacerlos más mansos y obedientes. Sin embargo, esto les quita el fuego y la pasión por la vida y el liderazgo. Los sementales, y no los caballos castrados, dirigen las manadas. De igual manera, los hombres cabales, y no los eunucos, son los que dirigen a las familias. (Ya sé, son las yeguas las que dirigen las manadas, pero me estoy tomando una libertad aquí para expresar una verdad).

Algunas mujeres se han visto obligadas a ser líderes en sus hogares debido a que son madres solteras o porque viven con hombres pasivos y apáticos. Otras, en cambio, le han arrebatado el manto de liderazgo al hombre y se aferran a este con tenacidad como a un atesorado trofeo. Sea como sea, esto tiende a castrar la masculinidad. Y una masculinidad castrada nunca es una masculinidad sana.

El susurrador de caballos, sin embargo, observa, escucha y toma notas en silencio, y luego entra con suavidad en el mundo del animal para hacer un contacto caracterizado por la confianza y no por el temor. El susurrador de caballos es compasivo, sabio y tierno, pero firme. ¿El resultado? Un animal que confía en el susurrador porque este lo respeta. Forman una relación agradable y mutuamente generosa, y tanto el caballo como el que lo monta son mejores debido a eso.

La vieja canción «¿Por qué una mujer no puede ser más como los hombres?», de la película *Mi bella dama*, se puede invertir para decir: «¿Por qué mi hombre no puede ser más como las mujeres?», una pregunta que se hacen muchas mujeres en su subconsciente. Es una pregunta inapropiada. La adecuada es: «¿Cómo puedo obtener un doctorado en mi hombre, a fin de poder saber cómo animarlo a ser una mejor versión de sí mismo?».

Casi todas las mujeres con las que hablo en conexión con nuestro seminario sobre cómo ser mejores padres llegan a hacerme alguna variación de la misma pregunta: «¿Cómo cambio a mi hombre?». Por lo general, se expresa algo como esto: «Mi esposo me está volviendo loca con [llena el espacio en blanco]. ¿Cómo puedo lograr que cambie?». Por cierto, la queja más frecuente que los hombres tienen en cuanto a las mujeres es que estas siempre están tratando de cambiarlos. (La queja más frecuente que las mujeres tienen en cuanto a los hombres es que estos no escuchan). Lo lamentable es que la verdadera pregunta no es *cómo* puede una mujer cambiar a un hombre, sino *¿puede* una mujer cambiar a un hombre? La respuesta de cada hombre al que le he hecho esta pregunta es, en una palabra... no.

En apariencia, puede parecer que una mujer puede cambiar a un hombre. Mi tío fue un hombre lleno con los demonios de las bebidas y las malas acciones durante casi toda su juventud, y pasó una gran parte de su vida adulta preso. Al conocer a su esposa cambió de rumbo y vivió la segunda mitad de su vida como un hombre respetable y apacible. Tal parece que lo cambió. Aun así, tengo la sospecha de que la realidad es que le dio una razón para que él mismo cambiara. Ya hace mucho tiempo que ella falleció, pero cuando le pregunté a mi tío acerca del cambio, me dijo: «Todo se reduce a que tuve una mayor razón para mantenerme sobrio que para meterme en líos. Esa mujer le hizo mucho bien a mi alma».

Creo que cuando una mujer habla de cambiar a su hombre, lo que quiere es saber cómo influir en su hombre de una manera positiva con el fin de que llegue a ser el mejor de los hombres. Digamos que acepto por ahora lo que dicen algunas mujeres, pero procedamos dando por sentado que tienes en mente los mejores intereses de tu esposo o novio. Después de todo, lo escogiste tal como es... no es posible que hayas cometido un error tan grande, ¿verdad?

Aunque tal vez no puedas cambiar a tu hombre, tienes una habilidad que el Señor te dio de influir en tu hombre y motivarlo en maneras que casi parecen milagrosas. *Es más, tu capacidad de influir en tu hombre es una de las fuerzas más poderosas en la tierra*. Sin embargo, para ser de veras eficiente debes entender cómo y por qué tu influencia da resultado.

Una mujer puede ser como un entrenador o como una susurradora con un hombre. Puede tratar de doblegarlo y cambiarlo conforme a su voluntad, o puede usar sus talentos y sus habilidades para aprender acerca de él y ayudarlo con la influencia a través de la confianza y el amor de modo que sea todo lo que estaba destinado a ser.

Gary, un oyente del programa radial de la Dra. Laura Schlessinger, hizo este comentario: «Un esposo es como un caballo. Al final del día, probablemente ha trotado mucho y cuando llega a la caballeriza está sudoroso, si su amo lo ha llevado a la pesebrera sudoroso. Como en las películas, si su amo lo espolea y fustiga, aguantará hasta cierto punto y después se volverá resabiado y rebelde. [En cambio,] si se le trata con amor y se le alienta, se esforzará hasta que su corazón reviente antes de defraudar a su amo. Se dará todo entero hasta la muerte por la persona que ama. ¿Cómo debe tratar una mujer a un hombre?»[1].

Cuando un hombre ama a una mujer, hará casi cualquier cosa que le pida. Los hombres han escalado montañas, han cruzado océanos y han conquistado ejércitos por el amor de una mujer. Dalila causó la caída del hombre más fuerte de la tierra, y Elena de Troya con su «cara que lanzó mil naves» fue el centro de una guerra entre naciones que duró diez años.

Las solteras lamentan que todos los hombres buenos ya estén casados. ¿Es cierto? Tal vez, pero quizá todos los hombres que admiren que ya están casados sean buenos, en parte, debido a la influencia positiva de la mujer de su vida.

Las mujeres tienen una increíble influencia en la vida de los hombres. El viejo dicho: «Detrás de cada gran hombre hay una gran mujer» no es solo una hipérbole; esa es la verdad.

La influencia de una mujer

> La esposa de un hombre tiene más poder sobre él que el estado.
>
> Ralph Waldo Emerson

¿Puede una mujer «cambiar» a un hombre? Quizá, pero es probable que no lo sea en el sentido que esperan algunas mujeres. Y si logras «cambiarlo», es posible que tenga consecuencias negativas. Todos hemos visto a esos esposos dominados que hacen todo lo que les dice la mujer. Es la cáscara vacía de un hombre. Él no es feliz ni ella lo es tampoco.

Pero una mujer puede utilizar su poderosa influencia para de una manera sutil guiar y elevar a un hombre a ser todo aquello para lo que fue creado. Ella tiene la clave de su éxito o su fracaso como hombre, esposo y padre. Esta influencia es delicada, sobria y cultivadora, en oposición a la influencia más firme y manifiesta del hombre. Atrae al hombre con una inspiración embriagadora que lo lleva a creer de sí mismo que posee grandeza. Su gracia sutil y refinada despierta dentro de él una pasión que envalentona su carácter y sus obras.

La canción de Percy Sledge, «When a Man Loves a Woman», habla de hasta dónde llega un hombre por el amor de una mujer; todo, desde darle las espaldas a su mejor amigo hasta dormir bajo la lluvia si se lo pide su mujer.

Ese amor que tiene por ti te da gran poder. ¿Estás usando ese poder para obtener ganancias superficiales o como una inversión a largo plazo en el futuro de ambos?

La mayoría de los hombres no cambiará ni crecerá por su propia cuenta sin alguna motivación externa. No obstante, ese amor por ti puede motivarlos a hacer formidables cambios. Como Jack Nicholson le dice a Helen Hunt en la película *Mejor... imposible*: «Tú haces que quiera ser un hombre mejor».

En una competencia ecuestre llamada *doma*, un jinete experto se sienta al parecer inmóvil en la montura mientras el caballo realiza una intricada serie de movimientos. El entrenador permanece relajado, y su desempeño parece sin esfuerzo. La meta del caballo y el jinete en la doma es moverse como si los dos fueran uno solo y cada uno conociera y previera los deseos del otro.

Hasta cierto punto, esta es la manera en la que una mujer debe acercarse a su hombre: para animarlo a hacer algo sin que nadie la vea haciéndolo. No creo que esto constituya una manipulación ni un control del esposo. Él quiere que seas feliz, pero no sabe cómo lograrlo. Tu disposición a utilizar tu influencia para dirigirlo con suavidad en la dirección adecuada hace que los dos sean felices y estén más satisfechos.

La importancia de tu respeto

Hoy en día, los hombres están confundidos en cuanto a cuál es su papel y cómo vivir mejor la vida. Recibimos mensajes mixtos de los medios de comunicación, del sistema educacional, de las iglesias y hasta del gobierno. No sabemos qué se espera de nosotros, y a menudo nos escondemos antes de enfrentar el rechazo o el fracaso. Un caso que se ha determinado con mucha claridad en estudios realizados en los trabajos es que si los empleados no saben lo que se requiere de ellos, no pueden cumplir las expectativas. Tampoco son muy felices y no se sienten satisfechos con su situación.

El papel de un hombre solía definirse con bastante claridad como proveedor y protector de la familia. Aunque estos papeles siguen siendo fundamentales, las cosas se han puesto mucho más complicadas en cuanto a las relaciones. La mayoría de las mujeres no quiere dejar a su esposo porque es un proveedor inadecuado, sino porque no llena sus necesidades emocionales.

Confieso que tengo la firme creencia de que las mujeres poseen «intuición femenina», pero también creo con la misma firmeza que los hombres no la poseen. Tu hombre necesita de veras tu ayuda para entender sus necesidades porque no podrá suplirlas si no sabe cuáles son. Muchas mujeres, sea de forma consciente o inconsciente, piensan: *Pues si me amara de veras, sabría cuáles son mis necesidades*. Es lamentable, pero así es que piensan las mujeres, no los hombres. A veces, las mujeres ni siquiera son conscientes de lo que necesitan; solo saben que necesitan algo. Es injusto que esperes que él lea tu mente, o entienda tus necesidades especiales, si tú misma no las entiendes. *Tu hombre no posee un marco mental para entender cuáles son tus necesidades emocionales porque no piensa de la misma manera que tú.*

También creo que la mayoría de los hombres quiere de veras satisfacer en todo las necesidades de sus mujeres. Anhelan en secreto alcanzar su pleno potencial y llegar a ser dignos de admiración y respeto de parte de los demás hombres, y de su mujer en especial. Un hombre consigue su autoestima de si puede o no puede satisfacer a su mujer. Tu influencia y si puede o no satisfacer tus necesidades pueden hacerlo o deshacerlo a lo largo de su vida.

Los hombres quieren entender a las mujeres, pero parece una tarea enorme. Esto me recuerda la historia del hombre que está caminando por una playa en California. Mira hacia abajo y ve una lámpara en la arena. La recoge, la mira y comienza a quitarle la arena con la mano. De repente, en una nube de humo, ¡se le aparece un genio!

—Te concederé un deseo cualquiera que sea —le dice el genio.

—¡Maravilloso! —exclama el hombre—. Siempre he querido ir a Hawái, pero me da miedo volar y me mareo con facilidad. Constrúyeme un puente que cruce el océano para ir en auto a Hawái.

—¿Tienes alguna idea de lo complicado y difícil que sería eso? —le dice el genio—. Solo la logística lo hace imposible. Costaría miles de millones de dólares. ¿No hay otra cosa que quisieras?

—Bueno —dice el hombre—, siempre he querido entender a las mujeres.

—¿Quieres que el puente a Hawái tenga dos vías o cuatro? —le contesta el genio.

Aunque muchos hombres luchan por entender a sus esposas, tú eres más importante en su vida de lo que tal vez no sepa jamás. Como mujer, Dios te diseñó para que fueras la ayuda idónea de tu hombre (Génesis 2:18), aunque quizá el término «complemento» sería una descripción más precisa del papel de una mujer con su hombre. Una mujer completa a un hombre en maneras que él jamás lograría por su cuenta. Claro, cuando Dios nos da esa clase de responsabilidad, también nos capacita para realizarla. Por lo tanto, tienes una oportunidad única de usar esta influencia poderosa que Dios te dio para ayudar a tu hombre a alcanzar su destino. No te equivoques. Dios te dio una influencia poderosa en grado superlativo de la cual hablaremos a través de este libro. Aun así, como cualquier gran poder, tienes que aprender a usarlo bien y el daño que puede causar este.

Poder para bien

Una mujer puede fortalecer a su hombre o destruirlo según el nivel de respeto que le da y la medida de fe que tiene en él. Su lengua ejerce más poder que cualquier espada de dos filos.

No estoy seguro de si mi esposa comenzó a respetarme y admirarme antes de que yo comenzara a actuar como un hombre de verdad, o si el respeto vino después de mi comportamiento. Sin embargo, mi percepción es que el respeto y la admiración que me ofreció (aun si no los merecía) contribuyeron mucho a que yo pasara de ser un hombre, esposo y padre complaciente y egoísta a ser un hombre activo y motivado que se interesa en levantar a los demás y ayudarlos a alcanzar su máximo potencial.

Sí sé que me enseñó lo que es el amor. Crecí en un mundo peligroso en lo emocional y con frecuencia violento. No sabía cómo amar. El ejemplo y la enseñanza pacientes de mi esposa me ayudaron a sanar heridas que ni siquiera sabía que existían. Cuando comencé a sanar, fui más capaz y estuve más dispuesto a suplir sus necesidades y sus deseos. Sin su espíritu solícito y amoroso, no sé si jamás hubiera sanado hasta el punto de ser de veras capaz de disfrutar la vida o amar a otra persona, mucho menos a mí mismo. Ni qué decir que ha influido en mi vida tremendamente. Y debido a que yo he influido en tantas personas a través de mi trabajo, ella ha contribuido a tocar muchas otras vidas también. Todo debido a que usó su influencia femenina para influir en su hombre conforme al diseño de Dios.

Requiere mucho más trabajo y esfuerzo edificar algo que destruirlo. Como un artesano experto o un contratista de demolición, una mujer es capaz de edificar o derribar a su hombre. Es una gran responsabilidad y un poder que no reconocen muchas mujeres. Algunas mujeres, como una mujer fatal, usan su poder para destruir y para beneficio propio. Otras no lo usan nunca y se convierten en víctimas. Las mejores circunstancias son cuando una mujer entiende su poder y lo usa de una manera responsable para beneficiar su vida y la de toda su familia.

Muchos hombres han llegado a la salvación debido a su deseo de acercarse a una muchacha bonita. Y muchos hombres, yo entre ellos, han recibido una nueva oportunidad en la vida debido al amor de una buena mujer.

Una mujer tiene un poder increíble. Puede destruir a su hombre con sus palabras o puede ayudarlo a llegar a ser el hombre que jamás pudo haber sido sin su apoyo, fe y aliento. No hay mucho que un hombre no pueda enfrentar en la vida si sabe que puede regresar a su casa y a una esposa que lo ama, apoya y respeta.

Escribí este libro con un par de suposiciones. Una es que la lectora ya tiene relaciones con un hombre. Tal vez algunas estén buscando todavía a un buen hombre, pero ese es otro libro que está sobre mi escritorio a la espera de que lo escriba. La otra suposición es que estás atada a un hombre bastante bueno dentro de lo que cabe. Quizá no sea perfecto, pero en lo profundo es un hombre bueno con el potencial de ser mejor. Te gustaría saber la mejor manera de ayudarlo a ser el mejor de los hombres. Las que están relacionadas con hombres vagos, fracasados, abusadores, adictos o simplemente malos, tal vez necesiten más ayuda de la que te puede ofrecer este libro.

Mucho de este libro tiene el propósito de ayudar a una mujer a entender cómo hacer que un hombre se sienta realizado y ayudarlo a que llegue a ser más de lo que hubiera sido sin ella. Asimismo, un hombre tiene el deber de ayudar a suplir las necesidades de su mujer, pero eso también es tema para otro libro.

Este libro se enfocará en cómo una mujer puede llegar a ser indispensable para su hombre y explorará las maneras en que puede usar el poder increíble que Dios le dio para influir en su hombre a fin de que llegue a ser el hombre que Dios siempre ha querido que sea. Veremos todo lo que necesitas saber (y algunas cosas que tal vez no quieras saber) acerca de tu influencia como mujer. Examinaremos lo que hace que un hombre sea bueno y cuáles rasgos de su carácter lo detienen. Veremos el poder tanto inspirador como destructivo que Dios te dio como mujer, y cómo este impacta en la vida de un hombre. Aprenderás las estrategias más importantes para facultarlo y las tácticas más destructivas para su alma.

Cuando terminemos, tendrás la destreza y la visión necesaria para moldear, animar e inspirar a tu hombre hacia la grandeza. Tendrás en tus manos el secreto de ser... ¡susurradora de hombre!

Toll Free (800) 288-7649 Clinic (509) 662-5163

Columbia Valley
Community Health

600 Orondo Avenue Ste 1, Wenatchee, WA 98801-2800

Date	Blood Pressure		Date	Blood Pressure	

-YOGA-

Date	Blood Pressure		Date	Blood Pressure	

2

Una masculinidad auténtica

> Un hombre está hecho para los desafíos. Está equipado para vencer, para estar bajo ataque, para erguirse firme como un bien afianzado poste de esquina. Los hombres son puntos de referencia en la vida, la sociedad y la familia. Es parte de la responsabilidad masculina demostrar fortaleza y estabilidad, proteger y abastecer a quienes están en su esfera de influencia. Ese es el sello de calidad de la hombría.
>
> Presto Gillham, *Things Only Men Know*

¿Has notado alguna vez que tanto una mujer como un hombre les atraen por naturaleza ciertos hombres? A la gente le gusta estar alrededor de ese tipo de hombre. No puedes explicar por qué, pero sabes que te agrada. Cuando entra a un lugar o camina por la calle, la gente lo nota en seguida. Ven algo diferente en él. No es que sea tan bien parecido ni perfecto; solo tiene algo vigorizante y *atractivo*. Estar cerca de él es refrescante y uno se siente *seguro*.

Acabas de conocer la masculinidad auténtica. Es raro hallarla, pero existe. Y es lo que más debes alentar en tu hombre.

¿Cómo puedes reconocer una masculinidad saludable cuando la veas? Rara vez la ves modelada en la televisión, en los periódicos, en vídeos musicales o en las películas. Es más, si miras lo que a menudo presentan los medios de comunicación, hallarás lo opuesto de lo que es una masculinidad saludable. Rara vez la verás modelada en la política, los círculos académicos, los centros de trabajo, las sedes deportivas y hasta en la iglesia. Para vergüenza de nuestra cultura, la mayoría de las veces ni siquiera se considera una virtud.

¿Cómo puede una mujer valerse de su extraordinaria influencia para ayudar a un hombre a alcanzar todo su potencial si no sabe cuál es su potencial? He observado que muchas mujeres son en extremo pobres en cuanto a reconocer la masculinidad auténtica. Por eso, comencemos explorando cómo la cultura ha influido para mal en la masculinidad, qué es la masculinidad saludable y, lo que es más importante, qué papel desempeña una mujer en la creación y la promoción de una auténtica masculinidad.

Influencia cultural

Nuestra cultura promueve conductas masculinas que no son saludables para los matrimonios y las familias. La pornografía ya no es una vergonzosa actividad subrepticia; es uno de los sectores de más rápido crecimiento de nuestra economía. La promiscuidad sexual y el adulterio ya no son tabúes sociales; la gente mira para otro lado. Aun el consumo recreativo del alcohol y las drogas, si bien no se alienta, se tolera. Los vicios, ya sean de naturaleza química o sexual, son «enfermedades» y nadie tiene la culpa. Nuestra sociedad ya ni siquiera mira mal que uno abandone a la familia si ya no es feliz. Los destrozos que causan estos hechos y actitudes están diseminados por todo nuestro paisaje cultural en la forma de familias destrozadas y corazones quebrantados.

Aun así, nuestra cultura sigue alentando a la juventud a experimentar y tener actividad sexual a más temprana edad. Como consecuencia, sobre todo porque los varones maduran emocionalmente con más lentitud que las chicas, hemos visto un dramático crecimiento en el número de padres adolescentes y jóvenes que abandonan a sus esposas, amantes e hijos. Esta mentalidad promiscua ha resultado también en un aumento del número de abuelos que crían a sus nietos.

La influencia negativa de los medios de comunicación sobre nuestros jóvenes es innegable. Los vídeos musicales glorifican la violencia y la búsqueda del placer sexual. Las películas y los programas de televisión a cada rato presentan «héroes» que matan por matar, perjudican a otros y, luego, se entregan a un placer sexual irresponsable con una plétora de bellas jóvenes. Los videojuegos aprovechan la atracción natural de los varones hacia la agresión, la acción-aventura y la competencia para reforzar conductas que mientras más gráficas y violentas mejor se venden. Los medios de comunicación tal vez no sean la causa del fracaso de los varones en nuestra cultura, pero de seguro que aprovechan sus debilidades para beneficio propio.

Solo hace unos años acusaron a una famosa estrella del *rap* por la letra de su música en la que, entre otras cosas, celebraba la matanza de policías. Hoy es vocero de varias compañías estadounidenses importantes. A cada rato acusan, detienen y condenan a atletas famosos por delitos como violación, asalto sexual, agresión física y hasta asesinato. Muchas veces, a los pocos años, esos hombres vuelven a ser los niños mimados del deporte, al parecer sin haber dado cuenta de sus acciones.

Esto dice, en efecto, a los jóvenes que ser famoso (o infame) es más importante que ser un hombre íntegro. Les dice también a los jóvenes que los hombres con este tipo de sistema de valores son dignos de adoración.

¿Es acaso extraño que estemos produciendo muchachos con conceptos torcidos en cuanto a lo que es una masculinidad auténtica y saludable, y muchachas que no saben distinguir a un buen hombre entre los demás?

¿Qué es un hombre?

¿Que es un verdadero hombre? ¿Qué aspecto tiene? ¿Qué características lo separan de un hombre promedio? ¿Qué factores puedes usar como vara de medir para determinar su autenticidad?

Nuestra cultura nos dice que, en el mejor de los casos, el papel de un hombre es afianzarse después de terminar sus estudios y trabajar duro el resto de su vida. Nos dice que lo que distingue a un hombre es cuánto dinero gana y cuántos «juguetes» adquiere. Sus logros financieros determinan sus éxitos en la vida.

Los hombres están atrapados en la egocéntrica y trivial tarea de buscarse la vida. La mayoría de los hombres son apáticos y vive una vida de pasividad, sin determinación, ni propósito. No captan el más alto propósito con el que lo crearon. Aun los mejores suelen sentir que basta con ser una persona bondadosa que de vez en cuando hace el bien a otros... cuando les conviene, por supuesto. Son prisioneros de las expectativas sociales y la autocomplacencia. Todos nosotros (hombres y mujeres) anhelamos algo significativo, algo por lo cual luchar, algo que tenga trascendencia en la vida.

Lo que los hombres no comprenden es que la libertad se halla cuando se sigue el plan de Dios en la vida. Charles

Colson dice: *«La libertad no radica en realizar las expectativas de los demás sino en seguir el llamado de nuestra vida»*[1].

Un hombre de veras masculino deja a un lado sus necesidades, deseos, ambiciones y hasta sus sueños por el bien de los demás. Lo hace sin fanfarria y muchas veces sin que nadie lo note. Su vida no gira alrededor de *sus* derechos, logros o felicidad individuales, sino alrededor de hacer que la vida de otros sea mejor. Sus sacrificios son parte de su carácter y dan significado a su vida. Hace esos sacrificios con la estoica nobleza que Dios les concedió a todos los hombres en virtud de haber nacido con ese género.

Demasiados muchachos crecen pensando que ser hombre es no tener que hacer las cosas que no le gustan, o hacer solo las que quieren hacer. Veo hijos sin padres que crecen pensando que ellos son el mundo y que las mujeres los servirán y rescatarán de cualquier problema o inconveniencia que experimenten. Sin embargo, la realidad es que ser hombre más bien es *tener la obligación* de hacer muchas cosas que no quiere hacer.

Un verdadero hombre tiene honor. Se yergue cuando los fieros vientos de la adversidad giran a su alrededor. Aprecia y protege a las mujeres y a los niños. Sabe que tiene la obligación de ser mentor de quienes siguen sus pasos. Reconoce su esfera de influencia y la usa para el bien. Entiende que la vida tiene verdades fundamentales y vive conforme a una firme serie de principios. Emplea el espíritu de guerrero que le dio el Señor para luchar por la justicia y la igualdad. Representa *algo*. Demasiados hombres hoy en día no representan nada... les faltan metas.

Tengo el privilegio de servir como maestro y mentor de una docena de jóvenes de un instituto bíblico universitario que ha aceptado pasar horas asesorando jóvenes que no tienen padres. A esos jóvenes seminaristas les digo que quizá jamás vean los resultados ni las consecuencias de sus actos mientras vivan. Aun así, la labor que realizan es eterna. Están ayudando a cambiar el mundo. Cada muchacho en cuya vida ejercen influencia, y cada vida en la que ese muchacho después influya, cambiará gracias a lo que hacen hoy esos jóvenes. Creo que al mirar a estos estudiantes, Dios se llena de orgullo. Esos jóvenes están viviendo con honor, y me siento orgulloso de estar asociado a ellos.

He recibido muchos correos electrónicos y cartas de madres de los muchachos que están ayudando estos jóvenes. Cada mensaje dice: «Los jóvenes y el programa *Standing Tall* han sido una respuesta a nuestras oraciones». A mis Hombres Fuertes les digo: «Esta no es una figura de dicción, sino una expresión literal de esas madres. Han estado implorando la ayuda de Dios, y algunas de ellas por años». *Esos jóvenes han estado actuando como agentes de Dios para responder oraciones de personas que estaban sufriendo y en desesperada necesidad de ayuda.* Para eso Dios creó a los hombres: para promover la justicia, para alentar al oprimido, para defender la causa de los que no tienen padre y para abogar por las viudas (lee Isaías 1:17). Su deber es levantarlos cuando nadie puede hacerlo, sino Dios. Están para ayudar a contestar oraciones. Qué extraordinario llamamiento.

El sacrificio que estos jóvenes han estado haciendo para beneficiar a otros sin esperar nada a cambio, a pesar de la enorme carga que representan sus estudios y el tener que trabajar medio tiempo, es verdadera masculinidad.

Una vida significativa

> No estás aquí solo para ganarte la vida. Estás aquí para hacer que el mundo viva con más amplitud, con más visión, con un mayor espíritu de esperanza y logro. Estás

> aquí para enriquecer al mundo, y para que empobrezcas si olvidas el encargo.
>
> Presidente Woodrow Wilson

Los hombres que dan muestra de una auténtica masculinidad viven vidas significativas. Levantan a los demás para ayudarlos a alcanzar su potencial. Se sacrifican para hacen un impacto positivo en el mundo... por todo el mundo, no solo por su familia. Tienen pasión y visión, y están de veras interesados en dar de sí mismos para el mejoramiento de otros. Y es probable que tampoco hagan alarde al hacerlo. Los hombres como estos no son egocéntricos, sino que centran su atención en los demás. Están enfocados en otros en lugar de enfocarse en sí mismos.

Este tipo de hombre no invierte tiempo y energía solo para complacerse. Pone el bienestar de su esposa y de sus hijos antes que sus propias necesidades y deseos. No se compraría un bote de pesca para su disfrute si su esposa necesita ortodoncia fija para arreglarse los dientes. No se iría a bolear ni a beber con sus amigos si sus hijos necesitan alguna ayuda especial con la tarea de la escuela. En su lugar, tomaría un segundo trabajo temporal si a sus hijos les hiciera falta algo especial y no tiene dinero para comprarlo. Es responsable con sus finanzas y mantiene un adecuado equilibrio ente el trabajo y la familia.

Estos hombres reconocen la obligación que tienen con la esposa y los hijos. Si el padre tiene que trabajar más horas para que la madre no tenga que salir a trabajar fuera de la casa, sienten la obligación de hacerlo. Los hombres que viven vidas significativas miran el panorama completo. Tienen ante sus rostros la visión de un mundo mayor que su propia mano. Los verdaderos hombres son buenos esposos y padres porque saben la verdadera nobleza que yace detrás del cumplimiento de su misión como líderes en sus hogares y sus comunidades. Los verdaderos hombres no dejan que el mal florezca en el mundo por su inacción. Dan un paso al frente y dicen o hacen algo si ven que se está cometiendo una injusticia. Su presencia misma mantiene muchos males a raya. Fíjate en lo que sucede en los vecindarios que tienen una alta tasa de hijos sin padres, y compáralos con los vecindarios con hombres que atienden bien a su familia.

En la película *El reino de los cielos*, un herrero conoce a su padre cuando viaja a Jerusalén durante las Cruzadas. Este se da a conocer a su hijo por primera vez y le pide perdón por no haber sido nunca parte de su vida. Como no tenía nada que lo atara a su aldea después de la muerte de su esposa y su hijo, el joven sigue a su padre y se entrena para ser caballero. En el corto tiempo que están juntos antes de que el padre muriera, el joven florece bajo la tutela del padre y sigue sus pasos hasta convertirse en un hombre de honor. A través de la película, el joven caballero confía en las instrucciones y los ejemplos de su padre. En una formidable escena casi al final de la película, mientras está preparando la ciudad de Jerusalén para defenderse de los ataques de fuerzas arrolladoras, ungió como caballeros a los comuneros de la ciudad que defienden la ciudad recitando el mismo juramento que le recitó su padre:

> No muestres miedo ante tus enemigos,
> sé valiente y recto para que Dios te ame,
> di la verdad, aunque te cueste la vida,
> protege al indefenso.
> ¡Este es tu juramento![2]

El sumo sacerdote del lugar lo reprende diciendo: «¿Quién te crees que eres? ¿Puedes acaso alterar el mundo? ¿Ungirlos como caballeros los convierte en mejores combatientes?».

Mirándolo a los ojos proclamó con atrevimiento: «¡Sí!». Puedes ver entonces que a todos los hombres que se le han encomendado el desafío a la grandeza están henchidos de orgullo y determinación. Saben bien que las expectativas y las exhortaciones a la grandeza pueden llevar a un hombre a ser más de lo que llegaría a ser sin el conocimiento de la visión de Dios respecto a su vida y la vida de todo hombre.

Los hombres auténticos son apasionados, vehementes y nobles. Son responsables. *Son* hasta peligrosos, pero es un buen peligro. Quizá no se note su pasión en el exterior, pero está en ebullición bajo la superficie e impone sus formas en cada faceta de su vida. Tienen un anhelo espiritual de aventura, de una batalla que librar que sea mayor que ellos mismos, de relevancia en sus vidas. Esos rescoldos de pasión pudieran estar en lo más hondo de algunos hombres, en espera de la mujer capaz de llegar y convertirlos en rugientes llamas.

Cuando veas a un hombre apasionado con algo mayor y más noble que él mismo, estás mirando a los ojos a una auténtica masculinidad.

Representante de Dios

Un hombre auténtico es representante de Dios en la tierra. Reconoce sus responsabilidades ante los ojos de Dios. Es el primer ejemplo del Padre celestial en la vida de su hija, y es la vara de medir por la que se mide a los demás hombres. Es de esperar que pueda ser ejemplo terrenal que refleje bien a nuestro Padre celestial e inspire a otros con su ejemplo. Es modelo de masculinidad para sus hijos y sus hijas, y es la roca de la que depende su esposa. Es un dador de vida.

Ernest Gordon describe lo que aprendió sobre cómo los hombres enfrentan la vida y la muerte durante el tiempo que pasó en un campamento japonés para prisioneros durante la

Segunda Guerra Mundial: «El egoísmo, el odio, la envidia, los celos, la codicia, la autocomplacencia, la pereza y el orgullo eran contrarios a la vida. El amor, el heroísmo, el sacrificio, la compasión, la misericordia, la integridad y la fe creativa, por otra parte, eran la esencia de la vida, transformando la simple existencia de la vida en su verdadero sentido. Estos eran dones de Dios para los hombres»[3].

La amabilidad, la lealtad, el perdón, la confiabilidad, la bondad, la valentía, la fortaleza, la sabiduría, el sacrificio y la paciencia son características masculinas auténticas de las que dan muestra algunos hombres. Su ejemplo y sus dotes de líder son determinantes entre la negrura de la desesperación y la brillante luz de la esperanza.

Liderazgo espiritual

Un hombre auténtico es un líder espiritual en su hogar y en la comunidad. Esto puede incluir la asistencia a la iglesia con regularidad, dar gracias antes de cada comida, orar con su esposa o novia, y darles el ejemplo a todos los que lo siguen en cuestiones espirituales. Por supuesto que encierra una constante búsqueda de una cada vez más profunda relación con Dios y estar bajo su autoridad. Si un joven crece con esa clase de ejemplo, es probable que sea también un líder espiritual en su propio hogar. En cambio, si no lo ha sido, una mujer puede influir en él para que recoja el manto del liderazgo espiritual.

Ser un líder espiritual es difícil en particular para la mayoría de los hombres, quizá porque se sientan inadecuados para la tarea. Cuando a los cuarenta años de edad acepté a Cristo en mi vida, estuve muy reacio a ser el líder espiritual en casa. Sin embargo, con el suave aliento (a veces con la insistencia) de mi esposa, poco a poco fui adquiriendo confianza. Ella seguía respetuosa mi dirección en cuestiones espirituales, aun cuando yo ni sabía lo que estaba haciendo. Esto me obligó a adquirir mayor conocimiento a fin de ponerme a la altura de su respeto y su fe en mí.

Al ser ejemplo en cuestiones espirituales, un hombre establece también las expectativas de sus hijos al respecto. Una señora me dijo: «Como siempre mi papá fue el cabeza espiritual de mi familia y un hombre de Dios, eso es lo que yo quería hallar en un hombre... y ahora lo tengo».

La responsabilidad de una mujer

¿Qué papel desempeña una mujer en el desarrollo y la preservación de hombres de honor en nuestra cultura? ¿Es solo medir al hombre, o es mejorar la vara con que se mide a los hombres? ¿Qué es mejor, que las mujeres bajen sus normas y escojan hombres de segunda clase, o que los hombres de segunda clase se regeneren y se animen al bajar las mujeres sus normas? ¿Han bajado sus normas las mujeres con respecto a los hombres de carácter? ¿O es que hay menos hombres de entre los cuales escoger?

Como un género colectivo, las mujeres tienen una enorme responsabilidad en el proceso de escoger y formar hombres de carácter. No lo hacen solo criando muchachos de manera que sean hombres buenos, sino escogiendo hombres de carácter para tener hijos con ellos.

Uno de mis amigos me sugirió que esta sección la titulara «No todos son imbéciles. Tal vez tú si lo seas». No es muy halagador, pero alude a una cuestión importante: a través de la historia, las mujeres han tenido el poder de crear el *tipo* de hombre que produce una cultura mediante su elección de esos con los que forma pareja. Es una responsabilidad que las mujeres a menudo no reconocen. Por ejemplo, en los primeros años de la civilización, cuando las habilidades de cazador y la fuerza física eran necesarias para mantener y proteger a una familia, las mujeres escogían para formar pareja a los varones más fuertes, fieros y dominantes.

Con el arribo de la industrialización, nuestra cultura cambió los requerimientos de supervivencia de la simple fuerza bruta, y otras características pasaron a ser más deseables para las mujeres, como la aptitud para la mecánica, la capacidad de conseguir empleo y la formalidad. El ganar dinero para tener lujos más allá de lo imprescindible para sobrevivir pasó a ser algo que se procuraba.

La era de la información generó el deseo de encontrar hombres con rasgos como la inteligencia, las riquezas, los logros materiales y la asimilación de las tensiones. Hoy en día, a medida que las mujeres participan mucho más en las actividades económicas y en la arena política, algunos rasgos más feminoides o propios de ambos sexos, tales como la amabilidad, la pasividad y la indecisión (rasgos que muchas veces conducen a los hombres a la apatía y a no comprometerse), parecen ser las características que prefieren muchas mujeres. Por lo menos este es el tipo de hombre que muchas mujeres están escogiendo o con los que al menos están dispuestas a tener hijos, lo cual a la larga anima a los hombres a ciertos tipos de conducta.

El renombrado autor Don Miller lo declara de forma más práctica en su discusión con hombres universitarios:

> Cuando las mujeres les dicen no a los hombres, y no los dejan acostarse con ellas, los hombres reaccionan. Si para tener relaciones sexuales con ellas las mujeres demandaran que tuviéramos un trabajo, nos afeitáramos todos los días y no nos vistiéramos como idiotas, ni estuviéramos siempre jugando videojuegos, todos lo haríamos. Todos queremos

> tener relaciones sexuales, ¿no? [...] Entonces, si una mujer demandara que actuáramos como caballeros [...] que fuéramos capaces de comprometernos y concentrarnos, todos en este salón lo haríamos, aunque solo fuera por tener relaciones sexuales. Y esto a la vez sería bueno para las familias, y sería bueno para las comunidades. Seamos sinceros, somos hombres, y demasiadas veces vamos a tomar el camino del menor esfuerzo. Muchos somos como somos porque las mujeres se sienten atraídas a cierto tipo de hombre. Quizá no nos hemos dado cuenta de que esta dinámica nos estaba moldeando, pero así es. Nadie está exento. Cuando abaratan las relaciones sexuales, estamos obteniendo lo que queremos sin tener que pagar. Eso no es bueno para nadie, por lo menos a largo plazo[4].

Sin importar el tipo de hombre a que ha estado expuesta, una mujer necesita fe para creer que Dios le dará el que más le conviene, un hombre con un carácter piadoso (con defectos, pero arrepentido). Necesitará tener más que el humano deseo de escoger el hombre adecuado que será el padre de sus hijos, los encaminará por el buen camino y les impartirá sabiduría para la vida.

Escoger, no resolver

¿De qué mujer que está en medio del torbellino hormonal de haberse enamorado puede esperarse que sea profetisa, vidente, que mire más al futuro que al presente?

En el mejor de los casos, es el de una mujer que conoce al Arquitecto (Dios) que trazó los planos de la masculinidad y las relaciones. Sabe cómo leer los planos, buscar un contratista, supervisar el trabajo, pagar la cuenta. Esta mujer conoce al Señor, estudia a los hombres comparándolos con los que ya están en su vida, da los pasos para buscar un posible esposo sin apurarse demasiado, pues está dispuesta a pagar el precio de esperar para poner a prueba la estructura mientras avanza y, luego, por fin está dispuesta a pagar el precio del largo plazo: para bien o para mal, hasta que la muerte los separe.

Lo lamentable (he observado esto muchas veces en jóvenes de la escuela secundaria) es que hay afinidades que parecen juntar a los jóvenes de ambos sexos. Hay algo en uno y en el otro que los junta. Tal atracción no es racional. Cualquiera que los mire le aconsejaría a ella que no se casara con ese hombre, pero sus palabras caerían en oídos sordos. Para ella, en ese día, él es el Sr. Perfecto.

Las madres solteras también caen en la trampa de querer a alguien aunque sea solo para que la ayude a llevar la carga. Una mujer que conozco, que tiene varios hijos, vive con un hombre con el que no se ha casado. Debido a que en sus decisiones anteriores le tocaron hombres abusivos en extremo, cree que sus actuales relaciones son un paso hacia una recuperación y unas relaciones saludables. Sin embargo, dos de las mayores responsabilidades de un hombre masculino de verdad son mantener y proteger a su familia. El hombre con quien vive no puede mantener a su nueva «familia» debido a que tiene responsabilidades de manutención infantil con la familia que abandonó. Además, por alguna razón, no cree que su nuevo esposo pueda protegerla a ella y a sus hijos de su abusivo padre, pues sale de la ciudad cada vez que se rumorea que va a aparecer el exesposo.

Puesto que su actual acomodo no está resolviendo sus prioridades principales, lo que le pregunté fue: «¿Por qué estás con él?». ¿Su respuesta? «Porque es un hombre agradable». Un rasgo admirable quizá, pero no lo suficiente bueno como para que sirva de base para unas relaciones de ese tipo. En realidad, el único propósito que cumple es el de mantenerle cálida la cama. Además, como él no la estimula a crecer, no es una amenaza para su sensación de control. Está garantizado que los hijos van a seguir el ejemplo que les está dando.

El peligro está en seleccionar un compañero basado en estándares desconocidos. Una mujer tiene que pensar con qué tipo de hombre está dispuesta a pasar el resto de su vida *antes* de entregarle su corazón. Tiene que decidir con antelación y plena conciencia los rasgos de carácter que quiere y necesita ver en un hombre. Solo esperar «enamorarse del Sr. Perfecto» a menudo conduce a casarse con el Sr. Equivocado. ¿Qué mujer va a querer casarse con un mariposón, un drogadicto, un alcohólico o un abusador? Sin embargo, muchas lo hacen. No lo hacen debido a que lo deseaban, sino porque las emociones se impusieron en su decisión.

Una madre soltera que conozco tiene una historia que parece típica de muchas mujeres de hoy en día. Es una mujer brillante, atractiva (fue reina de belleza en un concurso), cuyas primeras relaciones fueron con un hombre que con toda intención y propósito la secuestró y mantuvo cautiva en circunstancias abusivas durante varios años hasta que casi la mata y ella escapó. Su segunda relación fue con un hombre que la embarazó y después la abandonó a ella y al hijo. El último hombre con quien anduvo le sacó hasta el último centavo y, luego, la abandonó con una inmensa deuda y cuentas médicas por pagar. No puedo evitar pensar que ella alentaba esas conductas por seguir escogiendo hombres de poco carácter con quien dormir.

No estoy sugiriendo que la epidemia de padres ausentes en nuestro país sea por culpa de las mujeres abandonadas y no de los hombres que las embarazaron. Los culpables de esa pesadilla en nuestra sociedad son los hombres, no las mujeres. No obstante, estoy diciendo que, en cierto sentido, las mujeres tienen parte de culpa en la desenfrenada ausencia de padres y hombres de poco carácter por las malas decisiones que toman. Los hombres se ajustan a los requisitos y las reglas que tienen que cumplir. Esto se adapta tanto a las relaciones conyugales como al mundo de los negocios y los deportes. Para no andar con rodeos, el carácter de los hombres con quienes duerme una mujer da pie al carácter de todos los hombres. Si hay suficientes mujeres que duerman con hombres de poco carácter, los hombres no tienen necesidad de aspirar a nada mejor. Si suficientes mujeres guardaran sus relaciones sexuales para el matrimonio y escogieran solo hombres de carácter noble, esto sería lo que los hombres aspirarían a ser. De todas maneras, sus retoños (hijos e hijas) tenderán a seguir el ejemplo que les dan.

Algunas mujeres con las que he hablado se resienten que se les achaque esa culpa. No obstante, si las mujeres reconocieran su papel como porteras de una auténtica masculinidad, los hombres tendrían en alta estima la auténtica masculinidad, en vez de conformarse con cualquier papel inferior que les ofrezca la sociedad. La protección y la promoción de ese papel de los hombres los beneficia a la larga, porque ese papel de hombría con el tiempo será de bendición para la vida de las mujeres y sus hijos.

Ahora que sabemos lo que es una auténtica masculinidad y cómo una mujer ejerce influencia sobre ella en nuestra cultura, examinemos algunos rasgos de carácter en los hombres que las mujeres pueden alentar y promover.

3

Nueve cualidades de los hombres buenos

> El mundo se sostiene por la veracidad de los hombres buenos: ellos hacen saludable la tierra. Quienes viven con ellos encuentran la vida alegre y sustanciosa. La vida resulta grata y tolerable únicamente si creemos en esa sociedad.
>
> Ralph Waldo Emerson, *Hombres representativos*

Los susurradores de caballos son expertos en caballos. Entienden lo que motiva a un caballo. Una de las cosas más importantes que los susurradores de caballos hacen antes de tratar de interactuar con un caballo es conocer el pasado del animal, su historia. ¿Lo maltrataban? ¿Cuál es su pedigrí? ¿Cuáles son sus puntos fuertes y débiles? ¿Por qué actúa como lo hace? El susurrador junta después esos datos y su experiencia para que los ayuden a comunicarse con el animal.

El susurrador toma también en consideración la raza del caballo y los rasgos y las tendencias de esa raza. Por ejemplo, ¿es un caballo árabe que aprende con extrema rapidez pero que se aburre pronto? El caballo apalusa es buen trabajador con mucho aguante, pero necesita que se le repitan las lecciones muchas veces para que las aprenda. Además, no tiene miedo, pero es un tanto pasivo-agresivo. El cuarto de milla aprende rápido y, por lo general, es adaptable, paciente y obediente. El purasangre es emotivo, nervioso y reacciona con exageración.

El susurrador tiene una visión de lo que el caballo puede llegar a ser. Los susurradores tienen en mente modelos de cómo un caballo saludable puede verse y actuar. No comienzan a tratar de cambiar al animal sin tener en mente un modelo.

De igual manera, no sería sabio tratar de influir en un hombre ni de mejorarlo sin tener ni idea de cómo es su temperamento.

También es importante saber qué aspecto tiene un hombre bueno y cómo actúa. Cuando trabajo con grupos de hombres o de mujeres (en especial si crecieron sin tener un buen modelo para imitar), muchas veces hallo que afirman no saber qué es un hombre bueno. Por cierto, algunas mujeres dicen que nunca han estado cerca de un hombre bueno ni lo han *visto* siquiera. No obstante, cuando las interrogo en cuanto a las cualidades de un hombre así, casi todas mencionan los mismos diez o doce rasgos de carácter. Quizá no crean saber cómo es un hombre bueno, pero lo saben por intuición. Exploremos los rasgos del carácter de un hombre bueno.

Rasgos del carácter de un hombre bueno

Muchos hombres, sobre todo jóvenes, no han desarrollado ni han madurado a todo su potencial cuando llegan a la edad adulta. Entre los hombres de todas las edades encontramos todos los niveles de madurez: algunos ya son maduros, otros están en proceso de madurez y unos cuantos jamás madurarán. Tienen cuerpo de hombre, pero desde el punto de vista mental, emocional y psicológico son muchachos todavía. Gran parte depende de su trasfondo, su carácter y su disposición a madurar. Los hombres que no maduran despojan a cualquier mujer de su juventud, su seguridad y su felicidad.

Lleva tiempo, experiencia, crecimiento espiritual, una buena actitud y la ayuda de una buena mujer para que un hombre alcance a plenitud su potencial. Sin embargo, ya debe tener por lo menos algunos de los siguientes rasgos de carácter si esperas ayudarlo a alcanzar todo su potencial como un hombre de carácter. Si tu hombre saca buena nota en estas categorías, dedica un momento a felicitarte por haber escogido uno bueno.

Una sólida ética de trabajo

Muchísimas mujeres con las que he hablado han estado relacionadas con hombres que no podían permanecer estables en un trabajo o esperaban que los mantuvieran las mujeres de su vida. A los hombres que se criaron con una madre que lo hacía todo por ellos les gusta permitir que sus mujeres los cuiden por el resto de su vida.

El hombre está hecho para trabajar, es parte de su constitución. Los hombres saludables se sienten en la obligación de trabajar. Es como si no lo pudieran evitar. Sienten sobre sus hombros el peso del deber de buscar el sustento. Los hombres que trabajan, pero que no logran el adecuado sustento, suelen sentirse irritados y enojados por esas circunstancias. Quizá no siempre les guste el trabajo que tienen, pero saben que trabajar es uno de sus principales papeles en la vida y lo aceptan así. Los hombres con una masculinidad saludable disfrutan ganando algo con el sudor de su frente, pues desarrolla su autoestima. Los hace sentirse hombres. Los hace sentirse bien capaces el hecho de que se dependa de ellos.

Una de las cosas que me ha dado mayor satisfacción en la vida la hice con mis propias manos. Pasé la mayor parte de dos veranos desmontando y moviendo una enorme piscina con una terraza desde la casa de su antiguo dueño y volviendo a montarla en nuestro patio. Debe haber tenido diez mil tornillos, pernos y tuercas. Hacía calor y era un trabajo sucio, de mucho sudor y molestias para un tipo que no es ingeniero, y mucho menos plomero y electricista. Ahora que está terminada, no es la piscina más linda que haya visto, pero estoy orgulloso de ella.

Lo que me hizo seguir adelante fue que mi esposa me alentaba. Me traía vasos de agua helada en aquellos ardientes días de verano. Me hablaba de lo bueno que estaba quedando todo. Me pintaba un cuadro de lo que sería ver a mis hijos y a sus amigos jugando en la piscina en los días de verano. Hacía que siguiera cuando tenía deseos de darme por vencido. Y, ahora, a cada rato me expresa lo agradecida que está de que hubiera trabajado tan duro para que los chicos y ella pudieran disfrutar la piscina.

Dios ha llamado a los hombres a ser proveedores. Pablo dice: «Porque si alguno no provee para los suyos, y mayormente para los de su casa, ha negado la fe, y es peor que un incrédulo» (1 Timoteo 5:8, RV-60). Debido a que Dios lo creó de esta manera, un hombre puede sentir como que está cubriendo a su esposa con amor cuando trabaja mucho y duro. Sin darse cuenta, una mujer puede sabotear su corazón en esto con sus quejas. Por ejemplo, cuando protesta y le dice que no siente que la ama porque trabaja mucho, lo confunde de veras. Lo cierto es que trabaja con empeño *debido* a que la ama mucho.

Lo lamentable es que los hombres ya no son tan importantes como proveedores como lo fueron durante miles de años. Su papel principal en la vida ha cambiado, porque ahora las mujeres son proveedoras también. Eso quiere decir que la mayoría de los hombres no obtiene la satisfacción ni el aprecio que anhela mediante el trabajo para mantener a su familia. En el pasado, los hombres resolvían los problemas trabajando más. Cuando un hombre se entrega hoy en día a su trabajo, agrava el problema estando ausente de la familia, y muchas veces lo exacerba.

Desde luego que los hombres, sobre todo los más jóvenes, necesitan hallar un equilibrio entre el trabajo y la familia. A un hombre le resulta sencillo dejarse absorber por su trabajo porque le es más fácil y seguro que enfrentar y manejar muchos aspectos de sus relaciones familiares. Y los más jóvenes se esclavizan en su empeño de dejar huellas en el mundo. Aun así, entiende que *mantener a la familia es uno de los anhelos fundamentales que Dios ha colocado en un hombre sano.*

Si estás casada con un hombre que trabaja mucho y eso no te gusta, piensa que hay muchas madres solteras por ahí que desearían estar en tu lugar y tener un hombre que las ame tanto que trabaja mucho para mantener a su esposa y a sus hijos. Esta cuestión, como muchas en la vida, en parte tiene que ver con tu perspectiva.

Una manera de ayudar a un hombre a poner el trabajo en su debida perspectiva es ayudarlo a entender que estás bien satisfecha con el dinero que lleva a la casa. Otra es ayudarlo a entender la importancia que su presencia tiene para ti y los niños. Si ambas cosas no te dan resultado, llámalo y dile que has estado pensando en él todo el día, que los niños están en casa de tu mamá y que estás loca porque vaya para la casa. Si lo haces unas cuantas veces, comenzará a esperar con impaciencia la hora de salir del trabajo.

Algo importante para tener en mente es que si permites que los niños estén siempre pidiendo o esperando cosas materiales que van más allá del alcance familiar, estás creando presión para que tu esposo trabaje más horas. Será menos probable que disminuya sus esfuerzos de trabajo si piensa que no se están cubriendo las necesidades familiares como es debido.

Destrezas de líder

> Un líder es una persona que seguirías a un lugar al que no irías solo.
>
> Joel Barker

Un hombre puede guiar a una mujer a lugares a los que no iría y a los que nunca quiso ir. O puede guiarla a lugares a los que no iría por su cuenta, pero halla una magnífica bendición debido a que lo sigue. El tipo de destrezas para guiar que posee un hombre ayuda a determinar la vida que lleva y después la calidad de vida de su familia.

No a todos los hombres los crearon con capacidades audaces y dinámicas para dirigir, pero a todos los crearon para ser líderes. Aun un hombre callado e introvertido debe al menos estar dispuesto a tomar una decisión y a responsabilizarse por las consecuencias de esa decisión. Los hombres solteros que evitan las decisiones difíciles, o que son indecisos y vacilantes, lo más probable es que sean renuentes también a guiar una familia. La pasividad y la apatía son enfermedades endémicas del género masculino. Al parecer, siempre lo han sido, a juzgar por la actitud de Adán al quedarse con los brazos cruzados mientras Eva desobedecía el mandato de Dios. Esas fallas inherentes las ha promovido nuestra cultura hasta el punto de que ahora se espera que los hombres sean egocéntricos y enfocados en sí mismos. Estos déficits de carácter conducen a la falta de responsabilidad en los hombres.

Descripción femenina de un hombre bueno

- Tiene una sólida red de amigos con la obligación de rendirse cuentas y un mentor.
- Tiene un claro conjunto de valores que guían su comportamiento y sus decisiones.
- Está de veras interesado en lo que es mejor para ti.
- Te respalda en tus metas y sueños.
- Se sacrifica por darles a otros.
- Tiene dominio sobre sus apetitos sexuales.
- Se siente libre para expresar sus emociones de una forma saludable.

Una mujer puede animar a su hombre expresándole que lo respeta, que está orgullosa de él y que aprecia sus esfuerzos, en especial cuando se arriesga a dar muestras de liderazgo. Más que nada, un hombre quiere sentir que su esposa lo respeta y admira (o cualquier mujer en su vida). Cuando utilizas esos mensajes para motivarlo (no manipularlos), estará ansioso de que le expreses de nuevo ese tipo de reacción.

A veces la mujer tiene que empujar a su hombre a tomar las riendas del liderazgo, sobre todo en lo espiritual. Mi esposa tuvo casi que arrastrarme y reaccionar con violencia para que yo tomara el liderazgo espiritual de nuestra familia.

Las acciones del hombre siempre hablan más alto que sus palabras. Con eso en mente, guiar con el ejemplo es una de las mejores maneras de dirigir una familia. La gente presta más atención a lo que haces que a lo que dices.

Los líderes inspiran a otros con palabras de aliento, visión y pasión. Ayudan a los demás a ser triunfadores. Los más grandes líderes son personas que ponen los intereses ajenos por encima de los suyos.

El hombre con capacidad para ser líder les rinde cuentas a otros. Si un hombre solo se rinde cuentas a sí mismo, a la larga hace cosas que parecen apropiadas, pero que conducen a la destrucción (de sí mismo y de otros). Las cosas que hace podrían incluso ser por buenas razones. Sin embargo, cuando uno no tiene que rendirle cuentas a nadie, tomará decisiones que resultarán costosas. Cuando un hombre no tiene que rendirle cuentas a nadie excepto a sí mismo, no siente necesidad alguna de abstenerse de emprender actividades destructivas como visitar bares de mujeres con pechos desnudos, ver pornografía, consumir drogas o abusar del alcohol, y sucumbir ante la promiscuidad, la mentira, el robo, el engaño y ante cualquier otro de los vicios del hombre.

«Hay caminos que al hombre le parecen rectos, pero que acaban por ser caminos de muerte» (Proverbios 14:12). Nunca subestimes el potencial de depravación de un hombre cuando solo se rinde cuentas a sí mismo.

Visión

El hombre necesita una visión a largo plazo para la vida. Su visión debe incluir velar por las personas más cercanas a él. A varios jóvenes que han salido con mi hija les he dicho que, aunque es magnífico que estén dispuestos a protegerla de manera física si fuera necesario, es mejor tener la precaución de no ponerla en una situación donde *tengan* que protegerla. Eso es tener visión varonil.

Parte de tener visión es la capacidad de planear con anticipación. El hombre debe tener un plan responsable para enfrentar la vida. Los hombres con visión pueden adoptar un plan para lidiar con las finanzas, en vez de estar tratando de alcanzar un disfrute inmediato. Un hombre debe tener un plan para proveer las cosas que su esposa y sus hijos van a necesitar en el futuro (educación universitaria, una casa, plan de retiro, seguros necesarios y un presupuesto confiable). No debe permitir que su familia esté a merced de la manera en la que puedan soplar los vientos de la vida.

A veces, esto significa tomar decisiones que no agradan mucho a su esposa ni a sus hijos. No obstante, como sabe que a la larga es lo mejor para ellos, se aferra a sus planes a pesar de estar bajo la presión de la opinión popular.

No estoy diciendo que un hombre no deba tomar en consideración las opiniones, los deseos y la sabiduría de su esposa, sino que necesita tener visión para observar el panorama general y basar sus decisiones en ciertos principios. También debe reconocer que es responsable y tendrá que responder por las decisiones que tome. Muchas mujeres tienden a concentrarse en los aquí y los ahora de las necesidades de su familia, y les cuesta tener una visión a largo plazo de la vida. Ese es un rasgo significativo cuando eres la más importante preservadora de la unidad familiar. Sin embargo, es el motivo por el que es aun más importante que un hombre provea este tan necesario elemento en sus relaciones.

A muchos hombres, sobre todo a los que crecieron en el mundo de las mujeres, se les enseñó a tomar decisiones basadas en las emociones, en vez de hacerlo en los principios. Con todo, el hombre debe observar los principios al tomar decisiones importantes. Por ejemplo, ha habido muchas circunstancias en las que no he tenido *deseos* de que mis hijos sufran las consecuencias de sus decisiones ni de sus actos, aunque a la larga eso era lo apropiado. Las decisiones que más lamento en la vida las he tomado guiado por las emociones y no por los principios.

El hombre con el estilo de liderazgo con corazón de siervo siempre procurará hacer lo que a larga sea mejor para los que ama. No se contenta con ganancias a corto plazo. No se deja llevar por lo que es popular ni porque alguien se moleste por los resultados de su mejor decisión.

Tú puedes alentar a tu hombre recordándole sus inclinaciones naturales en esto. Dile que los hombres al final salen mejor con una visión a largo plazo y que necesitas que utilice esa habilidad con la familia. Muchos hombres no usan mal ni desperdician a propósito sus dones, sino que a veces los olvidan. Un discreto recordatorio tuyo y las palabras de aliento ayudan a que nos mantengamos encarrilados con los papeles que tenemos que desempeñar en la familia y en nuestras relaciones.

Honradez e integridad

Integridad es hacer lo que es debido por motivos adecuados en cualquier circunstancia. La integridad no es ética circunstancial. El hombre de valores íntegros aprecia más lo que es recto que lo que es popular. Eso constituye una base sobre la cual fomentar la integridad y las destrezas de un líder.

Los hombres de integridad son rectos. El diccionario define al honrado como sin engaño, veraz, genuino, real, acreditado, fidedigno, caracterizado por su integridad, franco, vertical, justo, consciente, honorable. ¿Hay entre estos rasgos de carácter alguno por el que no quisieras que se conociera al hombre de tu vida? Te soy sincero, prefiero que se me conozca como un hombre honesto que como un hombre de mucho dinero. *El carácter del hombre de tu vida afecta tu prestigio por asociación.*

Parte de tener integridad es ser digno de confianza, que la gente sepa que se puede depender de nosotros. La palabra de un hombre es su valía. Es más, la palabra de un hombre es la medida de su carácter. Si le da su palabra a alguien, está haciendo un pacto con esa persona. De modo que, por ejemplo, si un hombre le dice a su esposa y a sus hijos que los ama, y luego se vuelve y los ofende de palabras, quebranta sus promesas o actúa con irresponsabilidad, no está a la altura de su palabra. No puedes amar a una persona y a la vez mentirle o maltratarla. Es un comportamiento incompatible. La honradez y la integridad impiden que un hombre cometa esos tipos de errores en su vida.

En un programa antes de un juego de la Liga Nacional de Fútbol se les pregunta a los jugadores si prefieren que los conozcan como «simpáticos» o como «honrados». Siempre me sorprende cuántos de estos «hombrones» responden que «simpáticos».

Un hombre de integridad habla la verdad con amor en vez de estar preocupándose de ser simpáticos.

Respeto

Hoy en día, los locutores públicos en los eventos deportivos se encargan de recordarles a los hombres que deben quitarse las gorras mientras cantan el himno nacional. Los adolescentes varones se creen que tienen el derecho a tocar tan alto la radio del auto que estremecen las ventanas de las casas a cuadras de distancia. Muchas personas conducen sus autos mientras hablan por sus teléfonos celulares, comen, se afeitan y se maquillan, y luego no quieren aceptar su culpabilidad cuando causan un accidente. Los jóvenes caminan tres a la par por la acera y no se apartan para darles paso a los mayores.

Muchos de los más influyentes paradigmas de nuestra egoísta cultura (la música y la industria del entretenimiento son los más notorios) alientan la falta de respeto a las autoridades. Los periódicos siempre están regañando a los policías por traspasar aparentes límites, y a veces se ponen del lado de los infractores de la ley.

Debido a que recibir respeto es tan importante para la autoestima de un hombre, todo el concepto del respeto es intrínseco en su ser. Los jóvenes de las pandillas están dispuestos a matarse unos a otros por cuestiones de respeto y de falta de respeto. Por otra parte, los jóvenes a los que se les ha enseñado a respetar tienen una saludable comprensión de la relación que existe entre respetar a los demás y que lo respeten a uno.

Se ha dicho que la forma en que el padre de un hombre trata a su familia es un buen indicador de cómo el hijo va a tratar a su esposa y a sus hijos. No sé si eso es cierto en cada caso o no, pero sé que la influencia de un padre sobre sus hijos es enorme. Si el padre de un hombre ha respetado a los demás y ha sido un saludable líder de su familia, bien se puede apostar que el hijo tendrá los mismos valores y las mismas características.

Busca ciertas características que indicarán el nivel de respeto que un hombre tiene por los demás. ¿Cómo trata a su madre y a los demás miembros de su familia? ¿Valora mucho a su padre o hace caso omiso de sus consejos y deseos? ¿Cómo trata a su madre y a su padre? ¿Cuál es su actitud hacia las personas que no considera de valor directo para él? ¿Cómo trata a los animales? ¿Qué me dices de las personas incapacitadas? ¿Cuál es su actitud hacia su jefe y sus compañeros de trabajo? ¿Teme y respeta a Dios? Más que cómo actúa, ¿cómo es su actitud por dentro? ¿Es despreciativo o envidioso de los demás? ¿Cómo trata a las mujeres? ¿Las trata con el mismo respecto con el que quisiera que trataran a su madre o a su hermana?

Los modales de un hombre dicen muchísimo de su carácter y de su nivel de respeto hacia los demás. El hombre que siempre está escupiendo o eructando no parece respetar a los demás. Yo he trabajado con obreros de la construcción. Muchas veces se tapaban una ventana de la nariz y soplaban la nariz hacia el suelo sin un pañuelo. Esos modales son bien asquerosos aun entre hombres. Mi hija adolescente me contó de un joven en la escuela que no le daba pena tirarse gases en la clase. Aunque eso me hace reír al escribir esto (soy hombre, ¿verdad?), no parecía muy respetuoso hacerlo delante de las jóvenes a su alrededor.

El nivel de respeto que el hombre muestra hacia los demás denota el nivel de respeto que recibirás de él cuando se casen. El hombre que se respeta trata con respeto a los demás. Es más que probable que sea el tipo de hombre que puede honrar y valorar a una buena mujer.

Tú puedes ayudarlo a respetarse mostrándole que es digno de que lo respeten. Señálale cuando otros le muestran respeto incluso en cosas pequeñas. Hablen de cuestiones en las que él es dotado y de las que puede valerse para recibir respeto de los demás. Déjale ver lo importante que hace sentirse a otros su don del respeto. Por encima de todo, respétate tú para que él te respete. De lo contrario, lo que le digas no significará nada para él. Por ejemplo, si le permites que te hable o actúe contigo de manera irrespetuosa sin ninguna consecuencia para él, considerará lo que le digas como indigno de atención.

Perseverancia

Estar en una relación íntima es un trabajo duro. Cualquier persona casada dirá que es así. Criar una familia es un trabajo duro. Te puedo decir que algunos de los problemas que mi esposa y yo encontramos cuando criábamos adolescentes fueron algunas de las situaciones más difíciles y estresantes de mi vida. Trabajar para mantener a una familia es duro y a menudo frustrante.

Los hombres a los que sus madres siempre rescataban en vez de llamarlos a rendir cuentas por sus decisiones y sus actos se acostumbran a que las mujeres los cuiden. Si un hombre aprendió temprano en la vida a darse por vencido cuando se recrudecen los problemas, se les convierte en hábito y lo más probable es que se rindan cuando más tarde se les presenten dificultades grandes en verdad. Lo triste es que cuando un hombre se rinde en cuanto a su familia y su matrimonio, arruina la vida de otros, no solo la suya.

El hombre que se da por vencido cada vez que un deber se le vuelve difícil o que evita lo que es duro o acepta solo tareas en las que sabe que puede triunfar, le faltará perseverancia durante las duras luchas de la vida. Fíjate en cómo persevera tu hombre ante la adversidad. ¿Le da la cara a los problemas o evita las situaciones desagradables como a una plaga? ¿Se llena de vigor frente a los retos de la vida, o entierra la cabeza en la arena hasta que pasen?

El hombre que cree en sí mismo no le teme al fracaso ni evita las circunstancias ni los casos con los que piensa que no puede lidiar. Tendrá agallas para imponerse a los tiempos difíciles del matrimonio y la crianza de los hijos. No importa si cada vez tiene éxito o no; lo que importa es que lo intentó y no se dio por vencido. Recuerda, la adversidad no siempre fortalece el carácter... sino que lo revela.

Anima a tu hombre todos los días. No puedes imaginarte lo difícil que es ser un hombre en nuestro ambiente. El hombre se ve bombardeado a diario con mensajes negativos y pocas palabras de aliento. Dile la recompensa que uno obtiene cuando no se da por vencido si las cosas se ponen difíciles. Cuando crees en él, él cree en sí mismo. Tu fe le da valor, y se necesita coraje y valentía para ser un hombre importante hoy en día. No hay mucho en lo que un hombre no pueda perseverar con una buena mujer a su lado.

Lealtad

¿Cómo cultiva uno la lealtad en un hombre? Tú le enseñas la lealtad al ser leal. Los seguidores de un hombre leal saben que este siempre tiene los mejores intereses suyos en el corazón. Saben que estará a su lado aun cuando los demás estén en su contra. Los esposos y los padres leales tienden a producir familias leales.

La gente leal permanece contigo cuando todo lo demás es un torbellino. La gente leal te sigue amando aunque te conozca. Son personas que, a pesar de tus deficiencias humanas, siguen creyendo en ti. Son amigos y familiares que te defenderán aun a costa de su propia popularidad. ¿Defiendes a tu esposo cuando oyes que otros, aun tu madre, lo critican? Eso no es fabricar excusas, sino proclamar con orgullo tu lealtad.

Cuando tu esposo esté convencido de que le eres leal, que cuanto haces es siempre por su bien, te será leal. La lealtad comienza con la lealtad.

Autodisciplina

El hombre auténticamente masculino tiene autodisciplina para triunfar en la vida. Recuerda que, según los propósitos de este libro, no estamos definiendo el éxito como nuestra cultura define el éxito varonil. Lo estamos definiendo según las normas de «una auténtica masculinidad». Sin embargo, he hallado que casi todos los hombres que son masculinos en verdad, también triunfan en la vida conforme a la definición de nuestra cultura. Parece ser una bendición o un subproducto de su fidelidad.

La mayoría de los hombres alcanzan cierta etapa en la vida y dejan de crecer y desarrollarse. Consiguen un empleo, una familia y algunas responsabilidades que absorben mucho de su tiempo y sus energías, y se enfocan en una o todas esas esferas. Parecen contentarse con lo que les ha tocado en la vida. Entonces, despiertan a los cincuenta o sesenta años y se preguntan qué fue de ellos. En pánico, tratan de revivir su juventud con autos caros o teniendo relaciones con mujeres más jóvenes. Como nunca habían intentado vivir vidas relevantes, se esfuerzan por dejar un legado, cualquier legado, para que los recuerden.

Los hombres con autodisciplina utilizan con eficiencia su tiempo en busca de iniciativas que los ayuden a madurar y a levantar a otros. Por ejemplo, en vez de emplear el tiempo libre mirando lucha libre profesional en la televisión o bebiendo y de juerga con sus amigotes, el hombre disciplinado es más dado a prepararse para madurar y satisfacer las necesidades de su esposa y sus hijos. Es probable que sus pasatiempos sean constructivos y no destructivos.

Debido a que no estaba en condiciones de pagarme estudios universitarios al salir del bachillerato, me metí en las fuerzas armadas para que por lo menos me pagaran una parte de mis estudios. Después estuve trabajando a tiempo completo y yendo a la escuela por la noche para obtener un título universitario. Confieso que hubiera preferido hacer un montón de otras cosas durante esos años en vez de ir a la escuela y hacer las tareas escolares en mi tiempo libre. Además, porque era tímido y un tanto inepto en lo social, tuve que adquirir destrezas de oratoria. A pesar de mi fuerte aversión a hablar en público, me uní a *Toastmaster Internacional*[1], y asistía a sus reuniones temprano en la mañana, antes de irme al trabajo. Por fortuna, tengo pasión por la lectura y, en los años siguientes, no solo leía por placer, sino que leía casi cualquier libro de superación que caía en mis manos. He pasado los últimos cinco años administrando un negocio propio y a la vez desarrollando y dirigiendo un ministerio de conferencias y escribiendo libros en mis tiempos libres. He hecho todas estas cosas por superarme, y he necesitado hasta la última pizca de autodisciplina que he podido juntar.

A mi hijo y a mi hija les digo que se puede decir mucho de un hombre mirando su casa y su automóvil. Un hombre con autodisciplina mantiene bien su casa y su automóvil. Considera esas cosas inversiones, no simples activos desechables.

En vez de estar viendo películas repletas de sexo y violencia, disfruta películas con protagonistas masculinos positivos. Los hombres están programados para sentir atracción hacia las películas de acción y aventuras, por lo que muchas de estas tienen cierto nivel de violencia. Una manera de diferenciar entre lo que puede considerarse violencia aceptable en vez de inaceptable es tener en cuenta la fuente o el propósito. Por ejemplo, la violencia que se exagera para producir conmoción, como en una película tipo *Tiempos violentos*, es dañina a la psique de un hombre. Sin embargo, la violencia a favor de una noble causa, como la que se ve en las películas *Rob Ray* y *Corazón valiente*, es inspiradora para el carácter de un hombre.

Después de que terminamos de ver la película *Batman inicia*, le comenté a mi esposa que contenía todo lo que se necesita en una buena película sobre un «chico» exitoso: una causa noble digna de que uno pelee por ella, una damisela en apuros que necesita que la rescaten de un perverso villano, un tremendo automóvil y una persecución en automóvil, peleas, acción, explosiones, formidables dispositivos y un gran triunfo del bien contra el mal. Es el tipo de aventura que en lo íntimo todo hombre quisiera tener en su vida.

Creo que el factor más importante que separa a los hombres que fracasan de los que triunfan en la vida es la lectura. El tipo y la cantidad de libros, revistas y diarios que un hombre lee y con los que se llena la mente determinan cuán lejos puede llegar en la vida. Debido a que muchos hombres son malos lectores, sus esfuerzos demandan enormes reservas de autodisciplina. A decir verdad, nuestra cultura y el sistema escolar no hacen buen trabajo en cuanto a alentar a los varones a convertirse en lectores.

El hombre que madura tiene autodisciplina para seguir aprendiendo aun después que termina sus estudios. Esto puede lograrse leyendo diferentes libros, asistiendo a clases y talleres sobre múltiples temas, reuniéndose con otros hombres, y hasta participando en varios pasatiempos y actividades favoritos. El hombre saludable trata de madurar en las cuatro facetas intrínsecas de su carácter: su salud física, su vida espiritual, su mente (educación) y sus relaciones.

Los hombres así tienen también la disciplina que se necesita para entender que todo en la vida no puede ser rigor. Disfrutan tiempos de esparcimiento con su familia y sus amigos en ambientes y en actividades saludables. Tales actividades saludables pudieran ser deportes, cacería, pesca, mantenimiento del auto, música, pinturas y un sinnúmero de entretenimientos creativos y productivos. Entre las actividades nada saludables se encuentran la bebida o el consumo de drogas, el juego ilícito o cualquiera de otros cientos de actividades improductivas.

Ayuda a tu hombre a tener autodisciplina señalándoselo y alentándolo con sutileza a tener un comportamiento disciplinado. Por ejemplo, si tu esposo necesita algo de ayuda con su peso o su estado físico, puedes animarlo participando con él en actividades saludables. Teniendo en casa meriendas saludables para que no se vea tentado a tomar lo que no le conviene, yendo con él al gimnasio y saliendo a caminar con él lo alientas a tomar decisiones saludables.

Honor

> Puesto que no queda mucho honor en la vida estadounidense, hay cierta tendencia innata a destruir la masculinidad del hombre estadounidense.
>
> Norman Mailer, *Cannibals and Christians*

El honor es fundamental en una auténtica masculinidad. A través de la historia, los hombres de todas las razas y los orígenes han procurado vivir con honor. Solo en los últimos tiempos al honor lo han lanzado debajo de la alfombra del relativismo moral.

Los franceses lo llaman *noblesse oblige*: la obligación de observar una conducta honorable, generosa y responsable a la altura de su rango o su linaje. En Inglaterra, a los caballeros se les enseñaba a sobresalir en las armas, a ser valientes y leales, y a renunciar a la cobardía y a la bajeza. Los japoneses tenían un tipo de guerreros conocidos como *samuráis*. Estos guerreros se regían por el *bushido*, una vida de honor. El samurái no le temía a la muerte. Iban a cualquier batalla sin pensar en las probabilidades. Morir en batalla significaba honra para su familia y su señor.

Los hombres necesitan honor. Es esencial para nuestro ser. Los hombres están programados para lograr rendimiento, y por eso son muy conscientes de cómo se desempeñan.

Ser honorables y tener la capacidad de honrar es un importante factor para ser un eficiente esposo y padre. El honor muchas veces requiere que pongamos las necesidades de otros delante de las nuestras. Los hombres que no tienen honor se vuelven indisciplinados y peligrosos en sus relaciones. Sin un sentido claro del honor, carecen de base para erguirse y se sienten abrumados por las necesidades de otros.

Como casi todas las cosas, la mejor manera en que una mujer puede fomentar el honor de su hombre es ser ella misma honorable, elogiarlo cuando nota que él lo es y admirarlo en diferentes circunstancias y situaciones.

Si deseas casarte con un hombre con los rasgos de carácter que hemos analizado en este capítulo, tienes que utilizar tu radar para darte cuenta de qué hombres los tienen. Esto requiere que seas selectiva en cuanto al tipo de hombre con quien sales y entablas relaciones. Algunas mujeres que han crecido al lado de un buen hombre, por naturaleza se acercan a hombres buenos. En cambio, si eres una de las muchas que no han tenido ese ejemplo, debes ser consciente del tipo y el carácter de los hombres que te atraen y por qué te atraen. Tu elección pudiera conducirte a una vida de felicidad o de congoja.

Si estás casada, tómate un momento para estudiar estos rasgos masculinos. Sospecho que verás que tu esposo tiene varios de estos. Él es, de seguro, uno de los buenos, y necesita que reconozcas y afirmes sus buenas cualidades. A veces tenemos tan cerca a una persona que no apreciamos el valor que representa en nuestra vida.

4

Nueve rasgos que lo frenan

> Algunas mujeres quieren un hombre pasivo si es que quieren alguno; la iglesia quiere un hombre dócil... que llaman sacerdotes; la universidad quiere un hombre domesticado... que llaman titulares; las corporaciones quieren un [...] hombre desinfectado, sin cabellos, superficial.
>
> Robert Bly, *Hombres de hierro*

Una mujer no debe ser tan tonta que piense que va a poder cambiar el carácter básico de un hombre. No puedes «componer» a un hombre deshecho, por mucho que quieras. No puedes elevar a un hombre de carácter imperfecto; más bien te rebajará a ti. Una mujer no puede cambiar el carácter esencial de un hombre: solo Dios puede hacerlo. En cambio, sí puede realzar o reducir las cualidades que posea un hombre.

El carácter básico de un hombre incluye los valores que aprendió en su niñez. Algunas heridas (si se conocen) pueden suavizarse y hasta curarse con la influencia de una mujer, pero el carácter que se desarrolla, debido al ejemplo y al ambiente en que se crece, queda establecido de manera profunda. Si bien es cierto que no todos los que han estado expuestos a malos ejemplos siguen los mismos pasos, muchos sí. Muchas mujeres han pensado ver algo en un hombre que este no tenía. Pensaban que podrían cultivar su lado bueno o sacar a flote su «verdadero» carácter. La mayoría de esas mujeres han sufrido por sus buenas intenciones.

Según lo que he visto, la mayoría de las mujeres está dispuesta a madurar y a cambiar por cuenta propia. Sobre todo en cuanto a las relaciones, están siempre más dispuestas a adquirir conocimientos para resolver cualquier problema que exista. Esta es una generalización, claro, pero son mujeres las que más asisten a nuestros seminarios y compran la mayoría de las ayudas que les ofrecemos.

Los hombres, al parecer, necesitan cierto tipo de motivación externa para estar dispuestos a cambiar. Tienen que sentirse horribles, al borde de perder a su esposa y a sus hijos o sumidos en dolor antes de estar dispuestos a buscar ayuda. Casi hay que engañarlos para que vayan a seminarios o talleres que aborden los problemas que surgen en las relaciones. Esto tal vez se deba a una mentalidad de «hágalo usted mismo» o quizá al temor a los cambios que tenemos todos.

Comportamientos predictibles

Algo que ayuda mucho en nuestras relaciones es notar los comportamientos predictibles. Los patronos a menudo les preguntan a los que buscan empleo cómo han actuado en ciertas circunstancias en el pasado. La manera en que un hombre actúa en el pasado es probable que indique cómo actuará en el futuro.

Por ejemplo, si se ha casado y divorciado varias veces, es probable que se divorcie otra vez. Si ha sido violento y abusador en el pasado, es probable que vaya a serlo de nuevo. ¿Ha tenido hijos con diferentes mujeres y las ha abandonado? ¿Renuncia siempre a su trabajo o lo despiden? ¿Ha sido promiscuo? Ya te das cuenta.

Sin lugar a dudas, siempre la gracia redentora de Dios puede y hace cambiar a los hombres, pero aparte de eso, la gente no cambia de manera extraordinaria tan a menudo.

También es importante recordar que cualquier defecto en el carácter que tengamos se hace mayor bajo presión. Cuando tenemos un noviazgo con alguien, presentamos la mejor cara para impresionar a la otra persona. Una vez que hemos capturado la «presa», bajamos la guardia y nuestro verdadero color sale a relucir. Durante las tensiones del matrimonio y la formación de una familia, estamos en un ambiente de olla de presión. Los defectos de carácter que habíamos podido esconder durante el noviazgo salen a la luz, muchas veces demasiado tarde.

Puedes estar segura de que la vida nos somete a duras pruebas y nadie está exento. Cuando lleguen, quieres tener a un hombre de carácter para soportar las pruebas y crecer con la experiencia.

No existe el hombre perfecto, así que el tuyo no va a ser «perfecto». Sin embargo, los siguientes rasgos de carácter y conducta son señales de peligro, como las luces intermitentes y las barras de un cruce de ferrocarril. Recuerda que estamos hablando de generalidades. Todos los hombres dan señales de tener alguna de estas características hasta cierto grado, y muchos son capaces de dominar o cambiar estas conductas a medida que crecen y maduran.

Algunos de los rasgos que ahora presentaré quizá requieran la intervención de un profesional. No obstante, si una mujer está al tanto de estos y los problemas que ocasionan, puede adelantarse a lidiar con ellos en vez de esperar a que se presenten.

Actitud

Uno de los mejores indicadores del carácter de un hombre es su actitud. Puedes aprender mucho de un hombre observando su postura y cómo interactúa con los demás. ¿Salta enseguida que piensa que lo han despreciado? ¿Se ríe cuando alguien se lastima o lo insultan? ¿Se alegra cuando los planes de otros fracasan? ¿Tiene siempre el ceño fruncido? ¿Alardea y dice malas palabras? ¿No confía en la autoridad?[1]

Estas son señales de que no tiene una actitud de respetar y honrar a otros. Si esa es su actitud hacia los demás, esa será la actitud que tendrá hacia ti. Es la diferencia entre un muchacho y un hombre.

Otro ejemplo es que los muchachos tienden a escupir y decir palabrotas en público, pero los hombres no deben hacerlo. Es falta de respeto hacia los demás. Hay otras actividades y funciones que los hombres no hacen en público.

Traté de enseñarle a Frank, mi hijo, lo que es el bosque cuando era bien pequeño. Empezamos a subir lomas y a acampar desde muy temprana edad. Cuando Frank tenía como tres años, la vecina de al lado se me acercó y me contó algo que sucedió por la mañana temprano. Parece que Frank estaba jugando con los hijos de la señora en el traspatio cuando pidió tiempo. Con toda calma se dirigió hacia los arbustos cercanos, se bajó los pantalones y comenzó a orinar delante de todo el mundo. Nerviosa, la señora se rió y le dijo:

—Frank, ¿qué estás haciendo?

—Estoy orinando —explicó Frank sin perturbarse.

—Pero eso no se hace afuera —le dijo.

—¿Por qué no? Papi lo hace —le respondió Frank con toda naturalidad.

Ya te puedes imaginar la vergüenza que pasé viendo la mirada que me lanzó la señora con la ceja enarcada mientras yo trataba de explicarle: «Bueno, este, yo, ¿sabe?, lo llevo al bosque. Debe haberme entendido mal, ¿sabe?, donde, este...».

Las cosas se fueron deteriorando de ahí en adelante mientras trataba de explicarle que yo no hacía mis necesidades en el patio.

La moraleja de esta historia es que los niños orinan en público... los hombres no.

El aspecto de un hombre y cómo se ocupa de sus cosas pueden también decir mucho de su carácter. Si es desaliñado con poca higiene personal, con varias perforaciones y tatuajes en el cuerpo, y una actitud de despreocupación en cuanto a ser puntual, pudiera indicar una falta de respeto por sí mismo y por los demás. Siempre he pensado que un hombre que no se esfuerza por lavar el auto antes de salir con una chica no la respeta mucho. Y reconozco que soy un poco chapado a la antigua y quizá no visto muy a la moda, pero siempre he sospechado un poco de un tipo que no usa calcetines ni ropa interior.

Muchas veces los hombres con actitudes malas son hombres a los que han lastimado. El viejo dicho afirma que «la persona herida hiere a otra persona». La influencia de una mujer que emplea sus destrezas naturales para impartirle educación puede ayudarlo a ser más compasivo con los demás. Como no podemos amar a nadie mientras no nos amemos a nosotros mismos, parte de la influencia de la mujer será lograr que ese hombre entienda lo digno que es del amor.

Ira

La ira en un hombre puede ocultar cierta forma de inseguridad. Es una emoción secundaria que muchos hombres utilizan para tapar otras emociones que le son más incómodas. Por ejemplo, un hombre pudiera dar muestras de ira cuando se siente atemorizado, vulnerable o inseguro. Pudiera también recurrir al enojo cuando está lastimado en lo físico o hasta cansado. Otras emociones, como el miedo, son más humillantes para el hombre que la ira. Para un hombre, la ira es mucho más varonil y fácil de expresar. También le resulta sencillo caer en el hábito de expresar ira para ocultar otras emociones. A veces cuesta mucho discernir lo que está sintiendo y sus causas. Es un esfuerzo que algunos hombres prefieren no hacer cuando la ira se encuentra con mayor facilidad.

Un hombre no debe reprimir una ira saludable. Por ejemplo, airarse por una injusticia puede ser un recurso saludable para un hombre. La ira enfermiza, en cambio, puede manifestarse en humillaciones, escándalos, burlas, críticas, abusos, mezquindades o desprecios. El aire de superioridad, la insatisfacción, el espíritu de queja, la pasividad, la envidia y la falta de cooperación son también comportamientos que pueden causar la ira y los resentimientos ocultos.

Los hombres que dan muestras de tendencias pasivo-agresivas muchas veces llevan por dentro una ira oculta. En vez de enfrentar la causa de esa ira, la esconden y la manifiestan haciendo que los demás se sientan mal. El término *pasivo-agresivo* se usa para describir a cualquiera que manifieste una conducta manipuladora en su personalidad. En la superficie, los rasgos pueden parecer terquedad o cortés indisposición a aprobar algo. La verdad es que la persona te está manipulando a *ti* para hacerte pensar igual que ella. Puede manifestarlo como resentimiento, testarudez, dilación, mal humor o con toda intención no haciendo lo que se le pide. Un ejemplo de persona pasivo-agresiva es la que se demora tanto en estar lista para ir a una fiesta a la que no quiere asistir que llega cuando la fiesta está a punto de terminar[2].

Los hombres que están enojados gran parte del tiempo casi siempre tienen problemas que no han logrado resolver, problemas que las presiones de mantener y cuidar a una esposa y a sus hijos más bien van a empeorar en vez de ayudar a resolver.

Recuerda también que los hombres que crecieron sin un padre o sin modelo varonil positivo se enojan mucho. Se enojan porque tienen miedo. Tienen miedo porque no tuvieron un hombre que les enseñara cómo un hombre debe actuar, tomar decisiones, resolver problemas y vivir la vida. Un hombre jamás les mostró una saludable manera de amar a una mujer ni a criar hijos. El mundo es un lugar difícil para actuar cuando uno no conoce las reglas. A un joven lo asusta mucho andar por su cuenta cuando no sabe qué hacer ni lo que se espera de él. En vez de estar con miedo (y, por lo tanto, humillado), por instinto se vuelve a su vieja amiga la ira en busca de alivio y consuelo.

A fin de descubrir los asuntos que provocan ira antes de que comiencen los cambios, muchas veces es necesario acudir a consejeros profesionales. Sin embargo, varias iglesias han facilitado algunos programas para resolver el problema. Estos programas pueden ser muy beneficiosos en cuanto a ayudar a un hombre a entender y resolver estas cuestiones. Además, la presencia en su vida de otros hombres saludables de verdad que lo aconsejen y a los que deba rendirles cuentas puede ser de ayuda a un hombre con problemas de ira.

Falsa autoestima

Todos hemos visto jóvenes posando, pavoneándose muy seguros de sí mismos, con aires de «lindos» e «importantes». La cultura del *rap* o del *reguetón* con su música y sus vídeos estimulan que se trate a las mujeres como juguetes sexuales. Esta cultura produce un sutil lavado de cerebro que alienta a los muchachos a tratar mal a las mujeres, y a las muchachas a que las traten como objetos de deseo. De veras que me extraña sobremanera que el movimiento feminista no esté blandiendo su influencia política para combatir esta asfixia cultural de la mentalidad de las jóvenes.

Los varones que tienen una verdadera y positiva autoestima no necesitan adoptar esta actitud de pose. Reconocen que honrar a las mujeres y tratarlas con respeto es más varonil que someterla someterlas a esclavitud sexual y usarlas solo para buscar placer. Es la diferencia entre un liderazgo que eleva a los demás y un liderazgo que mantiene a otros en esclavitud.

Los varones desarrollan una autoestima positiva de logros significativos y vencen circunstancias difíciles bajo la orientación de ejemplos masculinos positivos. Un hombre que jamás haya tenido que rendirle cuentas a nadie, o que no lo criaran dentro de los límites en los que pudiera hacerse hombre sin peligros, es probable que se sienta inadecuado en cuanto a su masculinidad y lo compense con exageradas y caricaturescas conductas masculinas.

Lo que pudiera ser un alto nivel de autoestima en lo exterior es solo temores y sentimientos de incapacidad en lo interior. Las mujeres pueden utilizar su influencia rechazando la versión de masculinidad y femineidad de nuestra cultura en cuanto a papeles y conductas. Pueden insistir en que todos los varones las traten con respeto y dignidad.

Poca confianza en sí mismo

> Un hombre inseguro es la última cosa que necesita una mujer en el mundo. Necesita un amante y un guerrero, no Un Tipo Muy Agradable.
>
> John Eldredge, *Salvaje de corazón*

Tener poca confianza en sí mismo es diferente de tener baja autoestima en la que un hombre puede sentirse bien en cuanto a sí mismo como hombre y todavía faltarle confianza en una faceta o más de su vida. Por desdicha, esta falta de confianza puede correrse a otros aspectos de su vida.

La falta de confianza en sí mismo de un hombre es algo en lo que en verdad puede influir mucho una mujer. Los hombres que luchan con su falta de confianza están siempre cuestionándose lo que hacen. Por lo general, temen correr riesgos o intentar cosas nuevas. A veces, al no sentirse competentes, se enojan y pierden el control de sí mismos. Su problema puede hacerlos sentirse desalentados e inseguros. La falta de confianza en sí mismo de un hombre contamina los demás aspectos de su vida, desde el trabajo hasta la familia. Ahoga la pasión en su vida. Muchos hombres que no se ocupan de ser padres, o los esposos distanciados, a menudo carecen de confianza en sus capacidades. Los hombres tienden a evitar las cosas en las que no pueden triunfar. Un hombre que se preocupa porque cree que va a fallar como esposo y padre prefiere desaparecer a tener que enfrentar posibles fallos.

Cuando a un hombre le falta confianza en cuanto a algo, lo típico es que tema intentarlo. Por lo tanto, cae en un círculo vicioso de falta de confianza propia que lo lleva a escapar, escape que lo lleva a falta de confianza propia, etc.

La falta de confianza propia no permite que alcance su máximo potencial en la vida. Hace que se conforme con un estilo de vida rutinario y nada amenazante que a la larga conduce al aburrimiento y a la insatisfacción. Un hombre que no confía mucho en sí mismo no intenta superarse, ni siquiera para beneficio de la familia. Teme arriesgarse por miedo a fallar.

Sin embargo, aquí entra el milagroso y persuasivo poder de una mujer. Cuando su mujer cree en él, el hombre automáticamente comienza a creer en sí mismo. Aumenta su confianza propia y se vuelve más dispuesto a correr el riesgo de fallar o triunfar. Y a medida que aumenta su confianza, disminuye su ira. Cuando hay verdadera confianza, hay autoestima positiva, y desaparece la necesidad de alardear de falsas proezas. El amor, la confianza y la fe que una mujer deposita en un hombre pueden sanar sus heridas y echar fuera los demonios que turbaban su alma.

Lo he visto muchas veces en el baloncesto. Un jugador no confía en sus destrezas, y no importa lo que yo haga o diga, sigue dudando de sí mismo. En cambio, en cuanto aparece una chiquilla y le susurra al oído, de repente se vuelve un Michael Jordan. Su actuación cambia y se vuelve el jugador más confiado de sí mismo en el equipo.

Egocentrismo

Cuando un hombre es egocéntrico, se coloca a sí mismo y sus necesidades antes que a los demás, incluso antes que su esposa y sus hijos. Por naturaleza, los jóvenes tienden a ser algo egoístas y absortos en sus propios intereses. Sin embargo, un hombre que siempre procura ser el número uno en todas sus relaciones es un hombre que quizá tenga siempre el problema de no pensar en nadie, sino en sí mismo.

Hay hombres que nunca maduran. Jamás desarrollan la autodisciplina que necesitan para dejar de ser niños y volverse hombres. Muchas son las cosas en la vida de un hombre que requieren autodisciplina. Aun así, muchos hombres están creciendo sin esta. Esto los lleva a convertirse en hombres que solo se enfocan en lo que necesitan y desean.

Los varones con madres muy consentidoras o dominantes suelen volverse egocéntricos y autoindulgentes. Quieren la comodidad y la seguridad que les proporcionaba mamá, más el beneficio extra del placer sexual. ¡Tremenda combinación! Lo lamentable es que sobran las chicas necesitadas que les darán todo eso[3].

La trampa en este escenario es que un hombre egocéntrico pone sus necesidades por delante de las de la mujer hasta que ella ya ni sabe quién es como persona. Termina creyendo que sus necesidades no son importantes. Debido a que las mujeres son proveedoras de cuidados, a veces no ven ese defecto en el carácter de un hombre hasta que ya es muy tarde. Como un atrapamoscas, un hombre puede tirarle una carnada a una mujer haciéndola sentir que la necesita y, luego, la va seduciendo para que vaya hasta la parte pegajosa de la trampa y muera.

El egocentrismo surge de la inmadurez. Una mujer puede utilizar su influencia para ayudar (quizá forzar) a un hombre a madurar haciendo que reconozca y sufra las consecuencias de sus decisiones. Si lo auxilia o corre a su rescate cada vez que toma una mala decisión, jamás madurará. Si siempre sacrifica sus necesidades por las suyas, jamás madurará. Es duro, pero si su madre o su padre nunca le enseñaron el deber de un hombre de fijarse en las necesidades de los demás, quizá tengas que hacerlo tú.

Hombres afeminados

Muchos jóvenes de nuestra sociedad son afeminados porque se criaron bajo la tutela femenina. Solo vieron demostraciones femeninas de cómo enfrentar los problemas de la vida. Los afeminados pueden ser muy masculinos en su apariencia, pero sus cualidades internas parecen corresponder más con la feminidad. Suelen ser pasivos e indecisos en la vida y en sus relaciones. Como solo han tenido mujeres que los conduzcan a la virilidad, no conocen la forma masculina de enfrentar los problemas de la vida. Como no tuvieron modelos a seguir en cuanto a formas masculinas de liderazgo, tienden a rehuir las luchas y los problemas, o buscan a una mujer que se encargue de los mismos. Van de una madre consentidora al de una esposa consentidora, y si esto no les resulta, regresan a la madre consentidora.

En los últimos años he pasado bastante tiempo de espera en los aeropuertos. Me gusta observar a las personas. Últimamente he notado cómo muchas jóvenes andan con jóvenes pasivos. Estas muy bien presentadas y competentes damas muchas veces andan con jóvenes pasivos que acceden a cada uno de sus deseos. Aparentan ser buenos muchachos, pero parecen «flojos» y a veces tímidos. Parecen carecer de vitalidad o pasión por ellos mismos. Hacen lo que les dicen y permiten que las jóvenes se encarguen de todos los arreglos, para dictar su programa y su agenda. (Como no tienen papeles de líder, no se arriesgan a que los critiquen ni a cometer errores). En el caso de una pareja, cuando se pusieron de pie para abordar el avión, el joven recogió los paquetes pequeños y dejó que la joven llevara los paquetes más pesados (quizá una forma de represalia pasivo-agresiva). La joven pareció aceptar con resignación la carga como parte de su responsabilidad.

Al parecer, estos jóvenes no podrían proteger de manera física a una mujer si fuera necesario. Dan la apariencia de que una fuerte ventolera se los llevaría. Por lo menos alguna vez a una pareja le llegará el momento en que el hombre tendrá que defender el honor de la mujer. Sería un interesante experimento acercarse uno y empezar a coquetear con ella delante de él y ver cómo reacciona. Me pregunto si tendría el acero y el valor que se necesitan para capear las violentas tormentas del matrimonio y la crianza de una familia.

Los hombres algo afeminados muchas veces se casan con mujeres fuertes y competentes que los creen sensibles y razonables. Sin embargo, la mujer pronto se siente incómoda con su falta de liderazgo. Mientras más molesta se sienta, más pasivo e indeciso se vuelve él. A la larga, ella le pierde el respeto, lo que a menudo señala el fin de sus relaciones.

O esos hombres afeminados pueden reaccionar diferente y volverse gruñones, dominantes y abusadores. Se vuelven hostiles a las mujeres y a la autoridad femenina. Muchas veces abusan físicamente de ellas, tienen hijos con varias mujeres y los abandonan a todos.

Si le deja el papel de líder al esposo, la influencia de una mujer puede llegar a inspirarlo a ser menos pasivo con el tiempo. Mi esposa actuó muy bien al insistir que yo tomara el papel de líder en muchas cuestiones de nuestra familia, aunque yo estuviera renuente a hacerlo. Claro, cuando insistía en que yo tomara la batuta, ella tenía que resistir la tentación de criticar mis decisiones aun cuando yo no hiciera las cosas como ella pensaba que debían hacerse.

Un hombre que es hostil hacia las mujeres quizá necesite más ayuda que solo la influencia de la mujer. Es probable que necesite consejería profesional.

Celos

Es un mayor halago ser confiable que ser amado.

George MacDonald

No confiar en un hombre es una manera bastante segura de garantizar que no va a ser digno de confianza. Una vez que falta a tu confianza, puedes estar segura que lo hará de nuevo. Por ejemplo, una mujer que se acuesta con un hombre casado no debe sorprenderse cuando este después se acueste con otra. Si por instinto no confías en un hombre, es probable que haya muy buenas razones que esté captando tu subconsciente.

Por otro lado, el hombre que tiene celos de ti no te ama más que el que no te cela. Es más, el hombre que es celoso no te ama, sino que quiere poseerte. Las jóvenes sin padre, más que las demás, confunden el celo con el amor. Las formas de tomar posesión de una mujer pueden incluir convencerla de que sus necesidades y deseos no existen o no son importantes, o despojarla de su identidad como persona.

¿Por qué las mujeres se quedan con hombres celosos y por qué los hombres actúan así a sabiendas de que es destructivo? El novelista James Lee Burke comenta: «La mayoría de las mujeres tienen un nivel de confianza en el hombre que aman que el que los hombres raras veces se ganan o merecen. Como regla, no apreciamos ese nivel de confianza hasta que queda destruido»[4].

Los celos sin motivos o excesivos pudieran ser indicativos de una personalidad abusiva. Es una advertencia que tienes que reconocer.

Por lo general, los celos son indicativos de ciertos problemas importantes y subyacentes como miedo al abandono o una personalidad controladora. Estas cuestiones se deben tratar con un profesional.

Abusivo y controlador

Muchas mujeres que proceden de hogares abusivos, o que tienen baja autoestima, o un pobre concepto de sí mismas, sin darse cuenta gravitan hacia relaciones abusivas. Son blancos fáciles porque no tienen la capacidad de distinguir entre unas relaciones saludables y una relaciones enfermizas. Y las que proceden de hogares sin padres a menudo se hallan en la misma situación porque no tienen una pauta a seguir y sus necesidades de amor nunca las vieron satisfechas como era debido. Los hombres con tendencias abusivas son expertos en aprovechar las vulnerabilidades de mujeres con esos antecedentes.

Hay una fuerte correlación entre las conductas controladoras y el abuso. El maltrato físico y la conducta abusiva son procederes que aprenden los hombres. Si un hombre tuvo un padre con ese tipo de comportamiento o tiene una historia familiar de abusos, es más propenso a ser abusador, violento y agresivo sexualmente. Las investigaciones muestran que cincuenta por ciento de las mujeres sufrirá alguna forma de violencia de sus compañeros íntimos[5]. Como un treinta por ciento de las mujeres asesinadas en los Estados Unidos muere a manos de sus esposos, exesposos o novios[6].

Por lo general, pensamos en la violencia física o en la crueldad emocional cuando consideramos los abusos. No obstante, otra forma en que los hombres pueden ser controladores en sus relaciones, sobre todo con una mujer que lucha con problemas sin resolver, es permitirle o capacitarla para actuar de cierta manera («Tienes razón de tomar drogas porque fuiste víctima de abuso cuando eras niña»). Luego, se vale de esas cosas para dominarla lanzándoselas a la cara («Si no estuvieras drogándote tanto, tuviéramos mejores relaciones» o «Tienes suerte de tenerme a mí porque tuviste hijos con otro hombre»). Esta forma pasivo-agresiva de manipular es fácil que una mujer la acepte debido a sus sentimientos de culpabilidad.

Ese tipo de hombre siempre está buscándole faltas. Si no halla alguna, las inventa. Por ejemplo, la casa está limpia, pero como un juguete o un calcetín está fuera de lugar, él exagera al máximo: «¿No puedes mantener la casa limpia? ¡Eres una haragana!».

Si te sientes como que tienes que andar siempre con pies de plomo o que te están acusando de cosas que no hiciste o no hiciste adrede, quizá vayas camino a unas relaciones abusivas. Si un hombre te ha golpeado (aunque sea una sola vez), o si te insulta, o si te asalta sexualmente, estás en unas relaciones abusivas. No importa lo que diga ni cuántas veces te pida perdón, ni cuánto deseas tú que cambie, estás en una situación peligrosa donde tienes siempre las de perder y que va a seguir escalando. Si tienen hijos varones, no solo están en peligro, sino que están aprendiendo a abusar de las mujeres, y tus hijas están aprendiendo a ver esos abusos como algo normal y a esperar que los hombres las traten así.

Si te hallas en una situación parecida, debes armarte de valor para salirte de ella en seguida. Hay numerosas organizaciones, agencias de bienestar social y programas que pueden ayudarte con tus circunstancias, pero debes dar el primer paso poniéndote en contacto con ellos. Los secretos son uno de los instrumentos más eficaces del maligno. No hablar de los abusos que reciben mantiene a muchas mujeres y niños en tinieblas de esclavitud, y perpetúa el ciclo para futuras generaciones.

Depredadores

> Nuestra falla moral radica en la fragilidad de nuestra visión y no en nuestros corazones. Nuestra decadencia se debe a nuestra disposición colectiva a confiar en los que no debemos confiar, en esos que invariablemente utilizan nuestros mejores instintos contra nosotros mismos.
>
> James Lee Burke, *Crusader's Cross*

Con la llegada de la Internet, un nuevo campo de opciones se abrió para varios tipos de depredadores masculinos, incluyendo el depredador sexual y el parásito. Hay algo engañoso y atractivo en estos tipos de hombres. Todos hacen que las mujeres se sientan que las necesitan.

Lo más pasmoso de todo lo que he descubierto buscando y estudiando información para este libro es que muchas mujeres en nuestro país (jóvenes y ancianas) de veras parecen estar pasando por una gama de luchas emocionales que van desde una autoimagen pobre, una baja autoestima, una mala apariencia física, falta de confianza propia, hasta un hambre desesperada de atención y cariño. Según todas las apariencias externas, jamás hubiera sospechado que una importante parte de la población femenina sufriera de estos y otros problemas.

La autora y conferenciante Ángela Thomas resume con elocuencia la lucha de muchas mujeres: «Tengo una amiga que se sienta sobre las cenizas de una vida sin pasión. [...] Otras mujeres se sientan sobre las cenizas de las heridas profundas... las adicciones de un padre o una madre, la distancia de un padre, la ira de una madre, el abandono, la violación, el incesto y el abuso emocional o mental. Esas mujeres se afligen por el dolor de sus recuerdos, maldicen la fealdad de sus heridas y lloran por las vidas que les han sido robadas»[7].

Por naturaleza, los hombres depredadores aprenden temprano en la vida sobre estas vulnerabilidades de las mujeres y las utilizan en busca de placer. Los depredadores usan y manipulan a las mujeres para satisfacer sus necesidades de dinero, sexo y poder. Por lo general, las aborrecen, aunque rara vez no andan con una. Son expertos en manipulaciones y detectan a kilómetros de distancia a una mujer o jovencita en necesidad. En sentido figurado, y a veces en sentido literal, destruyen a las mujeres, y después las sueltan como un pañuelo de papel usado.

Muchas veces este tipo de hombres busca madres solteras (o jovencitas sin padres) por diferentes razones. Una es que son presas fáciles. En la película *Un niño grande*, Hugh Grant actúa como un egocéntrico solterón que anda a la caza de madres solteras para cometer sus pecadillos sexuales. Las prefiere porque les puede mentir con facilidad, quieren creer en él y están desesperadas.

Cuando le preguntaron de qué deben ser conscientes las mujeres respecto a los hombres, una madre soltera contestó en estos términos:

> La peor señal de peligro que me viene a la mente es el hombre que quiere rescatar (en especial a la madre soltera) o está demasiado interesado en protegerla y mantenerla a ella y a sus hijos. Mi experiencia es que estos hombres casi siempre son pedófilos y abusadores. Como madres solteras (y como mujeres en general) sentimos que se aprovechan de nosotras. Todos, incluso nuestros hijos, al parecer nos damos cuenta de que estamos tan exhaustos que andamos en busca de supervivencia la mayor parte del tiempo. Quizá los depredadores puedan notar esto a kilómetros de distancia, desde los jefes en el trabajo que quieren que trabajemos al máximo por la menor cantidad de dinero posible, hasta el tipo del mercadillo local. Eso nos convierte en presas en extremo fáciles. Las personas que viven en desesperación son blancos fáciles para cualquier cosa.

El mayor problema de andar con hombres como los que describimos en este capítulo es que no solo sufres tú, sino que tus hijos a la postre sufren las consecuencias de lo que escoges y decides. Debido al ejemplo que se les da, crecen pensando que es una conducta normal la de abusar de mujeres y niños (o ser víctimas de abuso) y abandonar las familias. Esto perpetúa el ciclo y pasa a la siguiente generación, produce más madres solteras, más hijos sin padres y futuras generaciones de abusadores.

5

Habla el lenguaje de tu hombre

> Casarte con un hombre es como comprar algo que has estado admirando por mucho tiempo en los escaparates de una tienda. Te puede encantar cuando te lo llevas a tu casa, pero no siempre hace juego con lo que tienes en la casa.
>
> Jean Kerr, «Las tres cosas peores sobre un hombre»

Los caballos tienen su propia manera de comunicarse. Los hombres también tienen su propio estilo de comunicación. Los buenos susurradores de caballos saben bien que uno tiene que hablar el «lenguaje» de los caballos si quiere comunicarse con ellos. Las mujeres que se conectan y conversan bien con los hombres entienden que debido a las superiores destrezas verbales de las mujeres, tienen que hablar el «lenguaje» de los hombres para comunicarse con ellos.

Los caballos no se expresan con «palabras» audibles, pero se comunican con el lenguaje corporal, la voz y, según creen algunos, hasta con «telepatía». Los caballos también se expresan utilizando sus muy desarrollados sentidos. Sus oídos son en extremo sensibles; su sentido del olfato es muy superior al de los humanos (un semental puede oler a una yegua en celo a ocho kilómetros de distancia). Su vista es pobre comparada con la de los humanos. En cambio, la posición de sus ojos en la cabeza les permite ver mucho más lejos. Su visión es monocular, por lo que pueden enfocar la mirada en dos lados diferentes a la vez. Pueden ver en la oscuridad. Su piel es tan sensible que el ligero roce de una mosca sobre sus ancas puede hacer que todo el cuerpo se le sacuda. Las ventanas de sus narices y sus glándulas gustativas están tan interconectadas que un semental puede saborear el olor de una yegua. Todos estos sentidos se aúnan para formar un singular sistema de comunicaciones.

Tiene sentido entonces que si nosotros, como humanos, nos queremos comunicar bien con los caballos, debemos aprender todo lo que se pueda sobre la forma en que estos «hablan» entre sí. Entonces, podemos empezar a comunicarnos, sin demasiado esfuerzo, con nuestros caballos.

Tres palabras que tememos

Tengo al instante cierta sensación de temor cuando mi esposa dice: «TENEMOS QUE HABLAR». Y si mi esposa *y* mi hija se me acercan con la misma declaración, me entran deseos de correr y esconderme. Debido a que los hombres no somos muy competentes en cuanto a expresarnos con palabras, recelamos de estas y hasta las tememos. Una discusión emotiva puede convertirse en algo horripilante. De veras, es más fácil no decir nada o pasar por alto el asunto.

Una mujer debe aprender el «lenguaje» de un hombre si quiere tener una buena comunicación con él. Su temor natural a expresar y meterse en problemas debe derrotarse ganando su confianza, a fin de poder tener una buena comunicación con él.

Muchas veces los hombres no utilizan palabras audibles para expresarse, sino un lenguaje corporal. Se sienten incómodos con las conversaciones y rara vez hablan de frente, sino que prefieren sentarse o pararse al lado de la otra persona. Cuando conversan, los varones hablan de hacer cosas, no de relaciones. Usan también sus sentidos para expresarse. Los hombres son muy visualizadores y evalúan mucha información a través de sus ojos, oídos y narices. El papel del hombre por miles de años ha sido el de un cazador que consigue alimento. Esto desarrolló su vista y su oído y le dio la capacidad de sentarse en silencio y concentrarse en una cosa por un largo período. Este desarrollo de su sentido ocular explica por qué ciertas imágenes y determinados movimientos (como las mujeres atractivas, los videojuegos, los automóviles potentes y los deportes de movimientos rápidos) captan su atención. Esta destreza les permite pasar por alto las demás cosas para que no lo distraigan de la tarea que tiene entre manos.

Veamos algunas maneras en las que los hombres y las mujeres se comunican de forma diferente, y después exploremos algunas maneras en que las mujeres pueden salvar esas diferencias.

¿Cómo se comunican las mujeres?

En muchas formas las mujeres son mucho más listas que los hombres y los hombres lo sabemos. Es fantástica la manera en que las mujeres saben lo que estamos pensando, aun cuando nosotros no lo sepamos. Y si un hombre ha hecho algo malo, ¡olvídalo! Será mejor que confiese sus pecados y suplique perdón porque no hay manera en que pueda ocultárselo a una mujer.

Esto quizá comience con la madre de un niño. Toda mamá lee la mente. Es una capacidad que de generación en generación pasa de mujer a mujer. A través de los años, he estado oyendo a mi esposa enseñarle con sutileza a nuestra hija algunos truquitos algo telepáticos. Y la he visto emular de forma involuntaria la intuición de la madre sin conocerla siquiera. Ahora que ya se siente más confiada usando ese tremendo recurso, es medio simpático verla confundir, desconcertar y hasta manipular a los chicos con quienes sale para someterlos a su voluntad sin que se den cuenta. Es como ver a una araña tender su red alrededor de sus confiadas presas.

La comunicación es una tarea bien importante y bien difícil entre dos individuos independientes y de diferentes géneros con distintas experiencias, valores y percepciones. Sin embargo, las mujeres tienen destrezas para expresarse mucho más desarrolladas que la de los hombres. En las niñas, el lado derecho del cerebro se desarrolla con mayor rapidez que en los niños. Esto hace que hablen más pronto, tengan un vocabulario más amplio y mejor pronunciación, lean con mayor antelación y tengan mejor memoria.

Los niños tienden a desarrollar el lado izquierdo del cerebro más pronto que las niñas, lo que resulta en mayores destrezas visual-espacial-lógicas, capacidad de percepción, habilidades matemáticas y capacidades para resolver problemas, desarrollar habilidades y descifrar enigmas.

Las mujeres oyen mejor, ven mejor y tienen mejor sentido del olfato y el tacto, y son más capaces de detectar emociones en el rostro de las personas que los hombres. Esto le da a una mujer una gran ventaja en cuanto a las comunicaciones interpersonales porque puede captar mejor que un hombre las expresiones no verbales.

El cuerpo calloso es un haz de fibras nerviosas que conecta los hemisferios derecho e izquierdo del cerebro. La mujer tiene un cuerpo calloso mayor que el del hombre. Eso permite que los dos hemisferios de su cerebro funcionen mejor juntos y se comuniquen mejor en ambas direcciones que los de un hombre. La imagen de resonancia magnética (IRM) y otros estudios radiográficos del cerebro han mostrado que, durante las comunicaciones orales, a veces los dos hemisferios del cerebro de una mujer se iluminan al mismo tiempo. Cuando dejan de hablar, uno de los dos hemisferios se mantiene «encendido», lo que es señal de actividad de las ondas cerebrales. Cuando los hombres hablan, por el contrario, uno de los lados del cerebro se enciende. Cuando callan, se apagan ambos lados[1].

¿Recuerdas esas veces en que le preguntaste a tu esposo o a tu novio qué pensaba y te contestó que nada? Pues es probable que te estuviera diciendo la verdad. Los hombres tienen la anodina capacidad de apagar el cerebro y ya. Sucede mucho cuando se relajan viendo la televisión, sobre todo durante los anuncios, o cuando están conduciendo un auto. Si alguna vez has tenido que sentarte en silencio por largos períodos mientras cazabas, ya sabes que es una buena capacidad que tenemos.

Las mujeres suelen tener también un vocabulario más amplio que el de los hombres, y en el día casi siempre usan dos o tres veces más palabras que los hombres. A decir verdad, por mucho que me sorprenda, a las mujeres les *gusta* hablar, ¡y hasta lo disfrutan! Hablan para pasar información y expresar sus sentimientos. Hablan unas con otras para acercarse más y estrechar amistad.

Los hombres hacen cosas (actividades físicas) juntos. Cuando estoy con mis amigos estoy *haciendo* cosas, no *hablando* con ellos. Si me siento con alguien a conversar, me parece que me están viendo como un consejero.

Todo esto lleva a muchos hombres a sentir una gran desventaja cuando se expresa con palabras. De veras, puede ser bien intimidante para un hombre sentarse cara a cara con una persona que está más capacitada que él. Recuerdo haberle dicho a mi esposa más de una vez: «El que te expreses mejor de lo que yo puedo hacerlo no quiere decir que siempre tengas la razón». Claro que ella *tenía* la razón, pero era frustrante de todas maneras.

¿Cómo se comunican los hombres?

> Hay dos teorías en cuanto a cómo discutir con una mujer... ninguna da resultado.
>
> Will Rogers

Un importante factor en la comunicación con los hombres es entender cómo piensan los hombres. Debido a que no son tan diestros en cuanto a expresarse con palabras, no les dan mucho valor a estas. Quizá sea por eso que los hombres tienen la tendencia a no apegarse a sus promesas y por eso es que los hechos de un hombre siempre hablan más alto que sus palabras. Juzga a un hombre por lo que hace, no por lo que dice. Mi esposa ha dicho que si bien algunas (es probable que muchas) de las cosas que le he dicho a través de los años la han enojado, cuando se detiene y lo piensa, mis hechos siempre le han demostrado que la amo.

Con los hombres, los hechos hablan más alto que las palabras. Así que según la perspectiva de una mujer, a veces lo que dice el hombre tiene más credibilidad que lo que hace después. Los hombres, como se orientan más hacia el desempeño, tienden a juzgar a la persona por lo que hace y no por lo que dice. Te conviene más poner a prueba el carácter de un hombre observando como actúa, y no guiándote por lo que dice. Una y otra vez veo mujeres que cuelgan su sombrero en la cabeza de un perdedor. Afirman: «¡Pero *dice* que quiere enderezar su vida y casarse!» o «¡*Dice* que me ama!». Lo lamentable es que sus hechos no respaldan sus afirmaciones. Juzga a un hombre por lo que hace, no por lo que dice.

Otro ejemplo de cómo las mujeres le dan más valor a lo que se dice que a lo que se hace se ve al observar lo que les duele mucho. Muchas divorciadas cuyos esposos les fueron infieles o resultaron adictos a la pornografía me han dicho que las mentiras de sus esposos les dolieron mucho más que lo que hicieron. Sospecho que a la mayoría de los hombres, si todo fuera al revés, les hubiera perturbado más lo que hicieron sus esposas que las mentiras que les dijeron.

Necesidades de comunicación[2]

HOMBRES

- Sinceridad: Quieren ver que el tema sea importante para ti.
- Sencillez: Quieren oír lo básico e ir al grano.
- Sensibilidad: Se franquearán más en su debido momento y en el lugar debido.
- Aplomo: Quieren guardar su compostura y no desmoronarse durante la conversación.

MUJERES

- Atención: Quieren toda la atención de su compañero cuando le hablan.
- Acuerdo: Quieren que ningún argumento impida romper los muros que existan entre ellas y sus compañeros.
- Aprecio: Quieren que sus compañeros las valoren a ellas y sus funciones.
- Citas: Quieren que sus compañeros respeten la hora y el lugar donde van a hablar.

Los hombres también tienden a no poder expresar muy bien sus sentimientos. Es más, la mayoría no se siente bien lidiando con sus emociones ni identificándolas. Los hombres se sienten incómodos y avergonzados en las situaciones emotivas. Por eso las mujeres se salen con las suyas cuando recurren a las lágrimas.

Además, los hombres tienen que pensar lo que sienten antes de expresarlo. Muchas veces, durante nuestras discusiones, mi esposa espera una respuesta inmediata a sus preguntas o comentarios. Tengo que decirle: «Espera, no sé qué decirte. Déjame pensar un rato a ver si puedo determinar lo que estoy sintiendo *en realidad*». En ocasiones, me lleva días ordenar mis pensamientos y determinar cómo me siento en cuanto a algún asunto.

Las mujeres pueden hablar, sentir y pensar a la vez. Los hombres no. Como ya dije, los hombres no estamos diseñados para utilizar los dos hemisferios del cerebro a la vez y con la misma habilidad que las mujeres. Y, entonces, durante una discusión, un hombre puede cerrar la boca o aun alejarse sin llegar a una solución. No es que no les importe ni que no quieran resolver la situación; sus cerebros de veras están sobrecargados y tienen que cerrarse para poner en orden sus sentimientos. Si los obligas a ir más allá, verás que reaccionarán con ira y disgusto. Cuando se les estimula demasiado, muchos dejan de escucharlas. Las mujeres se quejan de que los hombres no escuchan, pero a menudo es que les han dado tanta información que ya no pueden procesarla.

Esto nos lleva a un punto interesante: ¿son menos sensibles los hombres que las mujeres? Quizá, pero no creo que sea porque les importen menos las cosas que a las mujeres, sino que les han enseñado a no expresarse con tanta franqueza. Los hombres piensan que quejarse o tener problemas es señal de debilidad. Si un hombre no puede resolver sus propios problemas, es menos hombre. Por eso tiende a no expresarse, al punto de no dejar que se conozcan sus necesidades.

También los hombres se expresan de manera diferente. Cuando hablan entre ellos, suele ser para establecer autoridad o dominio, para fijar un orden jerárquico o cadena de mando. Los hombres se expresan con palabras para intercambiar información y, por lo general, los datos pertinentes. Tienden a bromear sobre sus problemas y preocupaciones, o a hacer bromas pesadas para minimizarlos. Todo hombre entiende lo que el otro está diciendo, pero puede que no tenga sentido para una mujer.

Por qué hablamos

Mientras a las mujeres les gusta hablar sobre sentimientos y emociones, a los hombres les gusta analizar los problemas y lo que se puede hacer para solucionarlos. A los hombres les gusta hablar de solucionar problemas.

Por ejemplo, si una de nuestras amigas o voluntarias en el ministerio tiene un problema, mi filosofía es que no es asunto mío a menos que me pida mi opinión. Sin embargo, mi esposa y las demás mujeres en seguida emiten consejos y opiniones. Como hombre, me ofendería que un amigo me ofreciera consejos que no he pedido. Sentiría que no me respeta y que piensa que no puedo resolver mis propios problemas.

Las mujeres se acercan más y adquieren más intimidad con sus amigas y personas queridas cuando conversan. Los hombres no se comunican de esa forma, y por eso no entienden por qué las mujeres siempre están conversando. A las mujeres les gusta hablar entre ellas de sus problemas. No obstante, como hombre, cuando mi esposa me cuenta sus problemas, interpreto como que me está pidiendo consejo y le respondo con una solución. Claro que cuando hago esto, muchas veces cree que no la he estado «escuchando». Piensa que no me estoy solidarizando con ella, porque los hombres no se cuentan sus problemas a menos que quieran de veras una solución. Para un hombre hablar de problemas es quejarse. No entiende que la mujer solo trata de establecer mayor intimidad con él, y que lo está invitando a compartirse a sí mismo con ella. Mejor cuéntales tus problemas a tus amigas, a menos que lo que quieras es resolver un problema. Entiende que si estás tratando de «acercarte» a tu hombre de esta manera es probable que no lo logres. Los hombres no establecen intimidad de esta manera, y hacerlo hará que ambos se sientan molestos.

Si como mujer puedes lograr que tu hombre se sincere y hable contigo de sus necesidades, problemas y preocupaciones sin sentirse menos hombre, te estará eternamente agradecido. Sin embargo, *nunca* uses esa información en su contra cuando discutan. Si lo haces, sufrirá su confianza en ti. Y si bien entiendo que las mujeres procesan la información discutiéndola con otras mujeres, debes saber que los hombres consideran que eso es una violación de la confidencialidad. Si discutes asuntos conyugales o personales con tus amigas, o si les cuentas algo sobre él que lo afecte o avergüence, se sentirá más que molesto.

Para las mujeres, intimidad es cercanía. Para los hombres, es desprotección. Las relaciones en general y la intimidad en particular tienen que ver con bajar las defensas y quedar al descubierto. Es tener suficiente confianza en la gente para darles la posibilidad de dañarte de manera emocional, lo que es del todo contrario a la naturaleza del hombre.

Diez claves para una comunicación satisfactoria con un hombre

¿Cuáles son algunos buenos consejos para comunicarte con un hombre? Después de todo, los hombres son los últimos en enterarse cuando hay problemas de comunicación, porque nadie se los dice siquiera.

Diferencias entre los hombres y las mujeres[3]

HOMBRES

- El sentido que un hombre tiene de sí mismo se define por sus posibilidades de lograr resultados a través de triunfos y logros. Alcanzar metas y demostrar su competencia y sentirse bien consigo mismo.
- Para sentirse bien consigo mismo, deben alcanzar las metas por su cuenta.
- Para los hombres, hacer cosas ellos mismos es señal de eficiencia, poder y competencia.
- Por lo general, los hombres están más interesados en los objetos y las cosas que en las personas y los sentimientos.
- Rara vez los hombres hablan de sus problemas si no están buscando un consejo «experto»; pedir que le hagan algo si lo pueden hacer ellos mismos es señal de debilidad.
- Los hombres son más agresivos que las mujeres; son más combativos y defensores de lo suyo.
- La autoestima de los hombres está más ligada a su profesión.
- Los hombres se sienten devastados con los fracasos y los reveses financieros. Tienden a obsesionarse más con el dinero que las mujeres.
- Los hombres temen pedir información porque eso muestra que hay fallos.

MUJERES

- Las mujeres valoran el amor, la comunicación y las relaciones.
- El sentido de sí misma de una mujer se define a través de sus sentimientos y la calidad de sus relaciones. Pasan bastante tiempo apoyándose, cultivándose y ayudándose unas a otras. Se sienten realizadas conversando y relacionándose.
- Expresarse en cuanto a ropas y sentimientos le es muy importante. Hablar, participar y relacionarse es la manera de sentirse bien con ellas mismas.
- Para las mujeres, ofrecer ayuda no es una señal de debilidad, sino de fortaleza. Es una señal de que le importa apoyar.
- A las mujeres les importan mucho las cuestiones referentes al atractivo físico; los cambios en este pueden ser tan difíciles para una mujer como los cambios de estatus financieros en un hombre.
- Cuando los hombres están preocupados con trabajo o dinero, las mujeres lo interpretan como rechazo.

Dale espacio

Una estrategia que siempre da resultado con los hombres es decirles algo acerca de lo cual quieres sus comentarios y, luego, pedirles que lo piensen y respondan al otro día. Esto le quita mucha de la tensión y presión para que responda de inmediato, sobre todo en casos bien cargados de emoción. A menudo, digo que no a cualquier cosa cuando me ponen en una situación en la que debo responder de inmediato. Supongo que prefiero ser cautelosamente rudo que arriesgarme a una equivocación. Por ejemplo, si mi esposa me sorprende con una petición de que vayamos de compras para decorar la casa, quizá me sienta menos que emocionado. No obstante, si me prepara con tiempo y me da un día para pensarlo, quizá me entusiasme un poco más. Si me prepara con antelación y me dice algo así como: «Me gustaría que me ayudaras con esta decisión», asegura mi cooperación. Es interesante que «por coincidencia» siempre programe visitar una ferretería después de visitar su tienda. Eso me hace feliz.

Simplifica

Aprende a simplificar la conversación. Si hablas con tu hombre como lo haces con tus amigas, dejará de escucharte. La mayoría de los hombres tiene cortos lapsos de atención. Si no vas al grano en menos de treinta segundos o algo así, su atención comenzará a irse a la deriva. No es que no está interesado en ti, sino que no le interesan los detalles.

De tema en tema, por favor

Mantente en un tema a la vez y avísale cuando estés cambiando de asunto. A las madres les digo que les hablen bien despacio a sus hijos. Quizá no sea un mal consejo para cuando se habla con un hombre.

Tal vez el regalo de la mayor comunicación que mi esposa nos ha dado a mi hijo y a mí es avisarnos cuando está cambiando de tema en una conversación. En el pasado, mi esposa saltaba a diferentes temas mientras yo trataba de digerir el primero. Si tenía suerte, ella daba la vuelta y terminaba en el tema original donde yo estaba tratando de acelerar. Es una pena, pero me perdía las demás cosas de las que me había estado hablando mientras tanto.

Cada vez que ella y mi hija adolescente saltan de tema, ya han aprendido a decir: «¡Otro asunto!», con lo que nos avisan que abandonemos el tema anterior y nos concentremos en el nuevo. Este es un gran alivio para los varones en nuestra familia.

Sé coherente

La coherencia es muy importante cuando se habla con un hombre. El hermano de mi esposa posee una hacienda con varios caballos que mi sobrina monta muy bien. Un día, mi cuñado y yo estábamos conversando sobre el entrenamiento de caballos. Me dijo que piensa que los caballos son como niños autistas de tres años. Aclaró lo que decía afirmando que un entrenador tiene que hacer las cosas de la misma manera, todas las veces, si no el caballo se confunde. Cada cambio lo confunde y hace que pierda la concentración. La coherencia es la clave. Aun así, también opina que la mayoría de los caballos (como casi todos los hombres) tienen hambre de afecto y con desesperación quieren ayudarlo a uno.

Esa misma noche estaba yo hablando con su esposa. Le estaba haciendo un pudín a su padre. De repente, comentó:

«Trato de mantener su horario y todo lo que hace sin alteraciones. Como ya está viejo, cualquier cambio lo confunde».

No necesariamente estoy estableciendo una correlación entre hombres, caballos y niños autistas (y no estoy denigrando a ninguno de estos), pero el paralelismo entre estas dos conversaciones sostenidas en cuestión de dos horas es impresionante. Las mujeres tienen que ser coherentes con los hombres. Si no son coherentes, nos confunden, pues no sabemos entonces lo que esperan de nosotros.

Expresa bien lo que quieres decir

Los hombres son mucho más literales al conversar que las mujeres. Por ejemplo, cuando pregunta: «¿Qué sucede?», y tú contestas: «Nada», quizá quieras decir: *Hay un problema, y si de veras me amaras, te quedarías y seguirías preguntándome.* Sin embargo, cree lo que le dijiste y supone que necesitas más tiempo para resolver tus problemas como lo hace él. Lo más probable es que se aleje para complacerte, como a él le gustaría que lo hicieras tú si el caso fuera al revés.

A veces cuando le pregunto a mi esposa qué le sucede y me dice que nada, como soy un tipo inteligente y sensible, sé que algo le está pasando. Por otro lado, como sé que si trato de ahondar voy a terminar metido en problemas, y eso me pone muy nervioso, la dejo tranquila y me voy a mis asuntos. Entonces se enoja conmigo por no tratar de ayudarla con lo que la está molestando. Eso me confunde.

Desde tu perspectiva femenina, cuando le preguntas a él cómo le fue en el trabajo, quizá estés tratando de entablar conversación. Cuando te responde con una sola palabra, lo que te está diciendo es: «Déjame tranquilo, por favor». Si sigues acosándolo con preguntas, se levantará y se irá para no enojarse contigo.

Entrégale un problema para que lo resuelva

A los hombres les encanta resolver problemas y muchas veces pueden desligarse de manera emocional del asunto con esos pretextos. Puedes recibir más cooperación de un hombre si le presentas lo que tienes en mente como un problema que te gustaría que te ayudara a resolver. En vez de estar molestándolo con un problema tuyo, dile algo así: «Mi amor, tengo un problema en el que necesito que me ayudes». Él estará mucho más dispuesto a enfrentar el problema bajo esas circunstancias.

Ponte en forma

Puesto que los hombres son dados a la acción, da con él una caminata, ve de excursión, juega un partido de golf o toma una carretera bien desierta (para que no lo distraiga el tránsito) cuando le quieras hablar a tu hombre. Habla con él mientras está trabajando en algún proyecto en la casa o arreglando el auto (a menos que necesite concentración o se sienta molesto con lo que está haciendo; recuerda que los hombres casi nunca pueden hacer muy bien más de una cosa a la vez). Disfrutará tu compañía y puedes alcanzarle las herramientas que necesite, ¡lo cual siempre se aprecia mucho! La actividad física lo ayuda a asimilar información con más facilidad. Le permite concentrar la mente en algo y poder escuchar en vez de buscar soluciones. Parece eliminar algunas de las molestias que sentimos en una conversación cara a cara. Verás que te es más fácil entablar una conversación con él cuando está haciendo algo que cuando le pides que se siente a conversar.

El momento lo es todo

Si lo bombardeas con quejas en cuanto entra por la puerta después de un duro día de trabajo, no te va a escuchar.

Lo lamentable es que casi todas las mujeres esperan ansiosas que llegue para soltar las cargas que se han ido acumulando todo el día. Con frecuencia, bastará con darle media hora para que se cambie de ropa y se relaje. Cuando llegue, dile: «Cariño, cuando te relajes un poco, me gustaría hablarte de algunas cosas. Avísame cuando estés listo. No es nada grave». Es importante que entienda que no es grave. Así no se pondrá tenso mientras se relaja.

Cuando tu hombre esté viendo televisión (sobre todo deportes) o leyendo el periódico, no es buen momento de hablarle. Los hombres casi nunca pueden hacer más de una cosa a la vez. Si le pides que se concentre en más de una cosa, los dos van a terminar molestos. Ver deportes en la televisión es un tiempo de inactividad que relaja a los hombres, que les permite recargar sus baterías. Cuando estoy viendo un juego en la televisión, mi esposa suele decirme: «Cuando haya un intermedio en el juego, ¿puedes ir a verme? Necesito que me des tu opinión sobre algo».

Tal petición me permite prepararme para una discusión. Esto quizá le parezca absurdo a la mayoría de las mujeres, pero los hombres no pueden ponerse a conversar en seguida con tanta facilidad como las mujeres. Yo casi tengo que prepararme mentalmente para una conversación. A veces nos sentimos tomados por sorpresa si nos obligan a participar en una discusión importante o emotiva cuando no estamos preparados. Puedes aprovecharte de eso, pero ten en mente dos cosas: (1) cuando a un hombre se le toma desprevenido o sin haberse preparado, puede asustarse; y (2) los hombres reaccionan con ira ante el temor. Quizá ninguna de estas dos emociones proporcione un buen estado de ánimo para una discusión.

Sé justa al luchar

> Los hombres perdonan con más facilidad y, a diferencia de lo que ocurre con las mujeres, es más sencillo corregir su comportamiento mediante reacciones positivas.
> Dra. Laura Schlessinger, *Cómo cuidar y tener contento al esposo*

Los hombres y las mujeres discuten de forma diferente. No puedes tomar a pecho mucho de lo que un hombre dice cuando está molesto. No piensa las palabras que salen de su boca, sobre todo en el calor del momento. Para desdicha de los hombres, las mujeres lo hacen.

Frank Pittman lo dice de esta manera en su libro *Man Enough*: «Cuando los hombres tenemos un mensaje importante que entregar, lo hacemos de la manera más lógica y sin emoción posible. Sabemos que a lo que decimos cuando estamos enojados no se le debe hacer caso, y nuestros amigos nos hacen el favor de pasarlo por alto. A veces, quisiéramos que las mujeres hicieran lo mismo»[4].

Es típico que las mujeres piensen lo que dicen y que después pienses mucho lo que les dijeron. Muchas veces los hombres no, y como resultado dicen cosas que no querían decir y lo lamentan más tarde[5].

Otra vez, como las mujeres son más competentes al expresarse, tienen una gran ventaja al discutir. A la mayoría de los hombres no les gustan las discusiones cara a cara. Sabemos que con una mujer siempre vamos a perder en cualquier discusión. Una mujer que aprovecha sin piedad esta ventaja para ganar una discusión, sin importarle el costo, es una gran fuente de frustración para el hombre. Es como si intimidara de manera física con su gran estatura cada vez que afirma algo. Si alguna vez has pasado por eso, ya sabes el miedo que da. La lengua afilada de una mujer puede asustar tanto a un hombre como su dominante fortaleza física puede asustar a una mujer.

Mi esposa me dice que las mujeres tienen mucho diálogo interno en su cabeza. Por eso se molestan y se enojan con las cosas que un hombre muchas veces ni siquiera sabe que lo ha hecho. Guardan pequeñas cosas que se amontonan y contaminan. Yo puedo decirte que, por lo menos en mi experiencia, los hombres no tenemos mucho diálogo interno. Lo que ves es lo que recibes.

Tú puedes ayudar a tu esposo en cuanto a su capacidad para expresarse entendiendo que él no disfruta tanto de la conversación como la disfrutas tú. Un hombre puede estar horas sin hablar y sentirse muy contento. Por ejemplo, si un hombre toma un puñado de papas fritas, los demás hombres dan por sentado que tiene hambre. No tiene que decir que tiene hambre ni explicar por qué tiene hambre, ni cuánto lucha por mantener su peso. Y si está comiendo por otra razón y no por hambre, no nos interesa saberlo.

Cuando me siento agitado o tengo un problema que resolver, prefiero pasearme de un lado al otro o dar una caminata en vez de discutir el problema... por lo menos hasta encontrar una solución. O hasta descubrir lo que de veras me está molestando y definir los parámetros del problema. Una vez que he puesto el dedo en la llaga, quizá desee hablar del problema para hallar una solución, pero es muy probable que no lo haga, porque ya para entonces aquello habrá dejado de ser un problema.

Habla con claridad

Los hombres y las mujeres pueden aprender a comunicarse, pero se requiere esfuerzo y paciencia de ambas partes. Ayúdalo a entender que la comunicación oral es parte importante de sus relaciones. Exprésale por adelantado lo que esperas de él para que ambos estén tranquilos. Recuérdale *a cada rato* que

Por qué los hombres y las mujeres no siempre están de acuerdo

1. CACHIVACHE
   Mujer: Cualquier cosa bajo el capó del auto.
   Hombre: Broche en el tirante de un sostén.
2. VULNERABLE
   Mujer: Franquearse por completo en cuanto a las emociones propias de uno ante otros.
   Hombre: Jugar fútbol americano sin un casco.
3. COMUNICACIÓN
   Mujer: Expresar sus conceptos y sentimientos ante su pareja.
   Hombre: Dejar una nota antes de irse de pesca con los muchachos.
4. COMPROMISO
   Mujer: Intención de casarse y formar familia.
   Hombre: No meterse con otras mujeres mientras está saliendo con una.
5. ENTRETENIMIENTO
   Mujer: Una buena película o un buen concierto, juego o libro.
   Hombre: Cualquier cosa que se pueda hacer mientras se toma alguna bebida recreativa.
6. FLATULENCIA
   Mujer: Vergonzoso subproducto de una indigestión.
   Hombre: Motivo de diversión, expresión y vinculación masculina.
7. HACER EL AMOR
   Mujer: La suprema expresión de intimidad en una pareja.
   Hombre: Llámalo como quieras, siempre que lo hagamos.
8. CONTROL REMOTO
   Mujer: Dispositivo para cambiar de un canal de televisión a otro.
   Hombre: Dispositivo para repasar la programación de trescientos setenta y cinco canales cada cinco minutos.

Correo electrónico anónimo

lo que quieres es que te escuche, que no andas buscando una solución. Díselo antes de que hablen para que pueda apagar su «programa de solución de problemas». Dile algo así: «Mi amor, no ando en busca de una solución. Solo quiero conversarlo contigo para aclararme la mente. Gracias por escucharme. Me hace sentirme amada».

Además, comunícale que cuando te habla de sus pensamientos y sentimientos, te sientes más unida a él. Una buena manera de ayudarlo a entender lo importante que esto es para ti es equipararlo con una forma de estímulo sexual. Eso pudiera ayudarlo a entender la importancia de conversar y contarse las cosas.

Háblale con claridad. Los hombres no saben leer muy bien la mente, y en la práctica tampoco pueden leer muy bien entre líneas. Si le das una pista sobre algo, esperando que lo entienda por sí solo, te vas a desilusionar. Los hombres detestan que quieras que adivinen lo que quieres, o lo que es peor, lo que anda mal. Dile de frente lo que quieres y cómo te sientes. No necesita los detalles ni saber quién dijo qué.

A las mujeres les gusta dejar caer alguna pista sutil, pero los hombres no son muy perspicaces. A veces tendrás que ir al grano. Si le preguntas a un hombre si ha notado algo diferente después de que te cortaron el pelo y te peinaron, lo estás metiendo en problemas. Es mejor que le preguntes si le gustó tu nuevo peinado. Por lo menos sabe cómo debe contestar esa pregunta.

La mayoría de los hombres está más que dispuesta a hacer cualquier cosa que te haga feliz si eres clara al expresarte para que sepa lo que se espera de él.

Una mujer, con sus habilidades superiores de comunicación, puede ayudar mucho a un hombre (y sus relaciones) guiándolo a comunicarse mejor en vez de que se agite por su falta de destreza en eso (o en vez de aprovecharse de su ventaja para «ganar» siempre). Dios quiera que tu esposo sea tan paciente contigo en cuestiones en la que no seas tan experta como él (como en leer un mapa o desentrañar a un venado). Tú lo complementas ayudándolo con paciencia en cuestiones que le dan trabajo, como la expresión oral y la identificación de emociones. Ser parte de un equipo en buen funcionamiento es valerse de los puntos fuertes de uno para fortalecer las debilidades del otro.

6

Armas de poder para las mujeres

> Los hombres no son muy amorosos que digamos, pero son expertos en admirar y respetar; la mujer que busca su admiración y respeto suele salir mejor que la que busca su amor.
>
> Florence King, «*Spinsterhood Is Powerful*»

En realidad, los hombres son criaturas bastante simples... al menos somos mucho menos complicados de lo que nos reconocen las mujeres. De veras deseamos mucho complacerlas. Ver a mi esposa satisfecha vale un mundo para mí. Si no está contenta y se queja de la vida, me siento terrible, incompetente. Sin embargo, cuando la oigo tarareando o cantando mientras realiza los quehaceres de la casa, sé que está contenta y me hace sentir que he desempeñado bien mi papel de hombre y esposo. Me siento aprobado y capacitado como hombre.

Cuando una mujer aprende a usar *con eficiencia* la influencia que Dios le dio, no hay muchas esferas de la vida de un hombre sobre la que no pueda ejercer una influencia positiva (siempre que el hombre esté dispuesto a que la ejerza). Veamos algunas armas que una mujer puede usar para influir en su hombre de modo que logre más de lo que pudiera lograr a ser sin ella.

Armas positivas para influir en tu hombre

Respeto y admiración

Las armas más potentes que una mujer tiene para influir en su hombre son el respeto y la admiración. Hará casi cualquier cosa para obtener el genuino aprecio, respeto, admiración y orgullo de ti. A decir verdad, un hombre necesita más el respeto y la admiración de su mujer que su amor. Estos anhelos son más subconscientes que sus necesidades físicas y, cuando se usa como es debido, es una fuerza motivadora más potente. Si le preguntas a un grupo de hombres qué prefieren, vivir una vida entera con amor pero sin respeto, o que lo respeten pero que no lo amen, una abrumadora mayoría preferiría que los respeten.

Si la esposa de un hombre no cree en él, o no lo respeta, o siempre está insatisfecha, se sentirá desesperanzado y sin razón alguna para continuar o intentar algún cambio. Sentirá que no vale la pena. Se sentirá... que no lo aman. Es triste, pero si tu esposo no está recibiendo manifestaciones de aprecio ni de apoyo, lo buscará en otro lado. Hay muchas personas y negocios por ahí que aprovecharán la necesidad que tiene tu esposo de sentirse bien como hombre.

Los hombres valoran mucho el respeto. El concepto del respeto es intrínseco para el alma de un hombre. Esto quiere decir que no solo es importante que lo respetes, sino también que te respete él a ti. Los hombres que no respetan a sus mujeres muy pronto se vuelven despreciativos. Por lo general, dejan de interesarse por honrarlas y amarlas como necesita toda mujer.

Lo típico es que casi todos los hombres respeten a sus madres y a eso se debe que ese lazo sea tan fuerte. Si un hombre te respeta como mujer, será más susceptible a tu influencia. (El respeto que le tiene a su madre hace que la influencia de esta sea tan fuerte). Lo lamentable es que hay varias cosas que hacen que un hombre le pierda el respeto a su mujer. Comienza con la facilidad con que se va a la cama con él al principio de sus relaciones. Esto parece algo anticuado según las costumbres modernas, pero no deja de ser cierto.

Además, si una mujer se deja manipular por un hombre, corre el riego de que este le pierda el respeto. Una mujer tiene que exigir sus derechos y no permitir que otro le imponga siempre su voluntad. Soy como treinta centímetros más alto que mi esposa y mucho más fornido e imponente. Sin embargo, nunca ha temido levantar el mentón y anunciarme lo que lograré si trato de intimidarla. No cede en lo que siente que de veras es importante para ella. Quizá no siempre me agrade, pero se lo respeto.

Si una mujer cede con demasiada facilidad a la voluntad de un hombre, él quizá no la respete. Si siempre sacrifica sus deseos por los suyos, él la pudiera tratar como un felpudo. Las mujeres tienden a cuidar a los demás y poner las necesidades de otros por encima de las suyas. Sobre todo al principio de sus relaciones, la mujer *desea* satisfacer las necesidades del hombre y hasta servirlo. Está en su naturaleza y quiere hacerlo feliz. En cambio, cuando el hábito de ser demasiado sensible a sus necesidades se establece al principio de sus relaciones, puede ir en una espiral descendente hacia una relación irrespetuosa y unilateral. En vez de eso, necesita sentir que fue un triunfo casarse con esa mujer y agradece que esta lo haya escogido.

Entonces, ¿cómo puede una mujer estimular a un hombre si lo que hace no es digno de respeto? ¿Puede una mujer, con sus actos y actitudes, cambiar la conducta de un hombre? Y si es así, ¿qué llega primero, su respeto o el cambio de conducta de él?

He aquí lo que dijo una señora después de asistir a uno de nuestros seminarios:

> He estado orando en cuanto a ser una mejor madre, y sentí que Dios puso en mi corazón que el mejor regalo que les podía dar a mis hijos era tener un matrimonio más firme. He aquí una manera específica en la que me ayudó su seminario en la crianza de mis hijos y en mi matrimonio: Aprendí que el hombre necesita tanto o más respecto que amor. He tenido la tendencia a criticar y corregir a mi esposo. El Señor había puesto en mi corazón dejar de hacerlo, pero me estaba siendo difícil abandonar el hábito. Cuando usted habló de esto en su clase, sentí que el Espíritu me reprendía por no tratar bien a mi esposo. ¡Él nunca me critica! Ya hace una semana de eso, y he aprendido a cambiar mis ideas y mis palabras. Mi esposo no lo conoce a usted, pero le está agradecido.

Tu hombre necesita tanto tu respeto y tu admiración, como tú necesitas que te ame y te honre. Los hombres necesitamos esto de nuestras mujeres, no por orgullo, sino porque en lo íntimo nos sentimos incapaces. Tenemos egos muy frágiles. Aun los más competentes y seguros de nosotros (por fuera) a puerta cerrada nos sentimos impostores. Tememos que nos vayan a descubrir. Cuando lo criticas, o sin maldad te burlas de él (sobre todo en público), o si tratas de controlar las cosas de las que él tiene la responsabilidad, lo interpreta como una señal de falta de respeto y se siente humillado. El libro de Proverbios nos dice: «La mujer virtuosa es corona de su marido; mas la mala, como carcoma en sus huesos» (Proverbios 12:4, RV-60). Si no confías en que tu esposo pueda realizar una tarea o si tratas de decirle cómo hacer algo de lo que tiene la responsabilidad, es dar a entender que es incompetente y eso lo avergüenza. Acusarlo de incompetencia (aun sin querer) es tan devastador e hiriente como que te llame gorda y fea.

Algunas mujeres le han perdido el respeto a sus esposos por lo que han hecho en el pasado. Otras quizá caigan en el círculo vicioso de no sentir que el esposo las ama y dejan de respetarlo, lo que hace que ellos sean menos amorosos y sigan así hasta que se desprecian. Reconocer que tu falta de respeto (a propósito o no) pudiera ser la causa de que sea menos amoroso contigo puede romper el ciclo antes de que sea tarde. Decirle que tu necesidad de sentir que te ama es tan importante como para él lo es sentir que lo respetas es un buen paso hacia un entendimiento y la satisfacción de las necesidades de ambos.

Cree en él

Que lo crean a uno es un poderoso motivador. Cuando alguien cree en ti, tiende a hacerte creer en ti misma. Como entrenador de baloncesto, una de mis más altas prioridades es ayudar a mis jugadores a entender que creo en ellos, que tengo fe en ellos. Cuando lo reconocen, su confianza en mí aumenta y florece su autoestima. Eso los motiva y los inspira para alcanzar mayores logros. Están dispuestos a hacer cosas que nunca hubieran intentado si no confiara en ellos. Asombrado, el padre de una jugadora sacudió la cabeza y me dijo: «Esas niñas atravesarían una pared de ladrillos si usted se los pidiera». Claro que sí. Saben que creo en ellas y que de corazón les deseo lo mejor. Saben que nunca haría algo a propósito que les hiciera daño. Me he ganado esa confianza probándoles a menudo que me importan y que al tomar cada decisión las tengo en mente.

No obstante, el efecto es aun mayor cuando la mujer de un hombre cree en él. El respaldo y la influencia de una pueden volver a un hombre fuerte y temerario. Tu hombre necesita una fanática entusiasta. El mundo de por sí es duro con él. Necesita que alguien le crea.

Le pregunté a mi hermana Terry cuál fue el mayor factor en la influencia que tuvo sobre su esposo para que fuera el hombre que Dios quería que fuera. Dijo algo que me sorprendió. Me dijo que le permitió correr tras sus sueños. Su esposo, Scott, podría decirse que es el actor de voces de más éxito en Hollywood. Cuando le pregunté si le fue difícil cuando se acercó a ella con sueños locos, respondió: «No parecían locos en ese tiempo».

Quise saber más. «Terry, la mayoría de las mujeres hubiera pensado que era una locura, si el esposo se les acerca y les dice: "Me voy a ganar la vida prestándole mi voz a dibujos animados y cortos de películas"».

Soltó una carcajada y me contestó: «Bueno, cuando lo dejé ir tras sus sueños, fue sorprendente ver a Dios en acción. Era tan obvio que el Señor estaba detrás de todo eso que me fue fácil apoyar a mi esposo. Siempre he tratado de ser la más entusiasta fanática de mi esposo». Palabras sabias de una mujer de influencia.

Tener una mujer que crea en uno es una inmensa necesidad en la vida de un hombre. Quizá esté casado con la mujer que tengo (durante veintiséis años) porque la segunda vez que salimos me dio una tarjeta que solo decía: «Creo en ti». Era la primera vez en la vida que alguien me decía que creía en mí. De veras, al volver la vista atrás, no tenía ni idea de lo que había visto en mí. Me estremezco al pensar en qué hubiera parado yo sin su confianza. La realidad es que sin ella jamás hubiera alcanzado mi potencial como hombre, esposo o padre.

Ponte al lado de tu hombre

Hace muchos años mi hermana me regañó en público por mostrar actitudes hacia su esposo que eran una falta de respeto. Tenía razón y yo no. Es una lección que jamás he olvidado. Ella no estaba peleando sus batallas. Estaba defendiendo su honor en una situación en la que de todos modos quedaba mal. Su defensa honró a mi cuñado. Cuando me disculpé y le pedí perdón, ganó aun más honores al aceptarlo. No sintió la necesidad de vindicarse porque ya lo habían defendido.

Una mujer no debe pelear las batallas de un hombre. Sin embargo, hay casos en los que él necesita tu apoyo, sobre todo cuando tiene que ver con la familia. Si una mujer no está dispuesta a defender a su esposo de sus propios familiares, nunca debía haberse casado con él.

Sube la barra

Inspiras a tu hombre a través de tu ejemplo y de las normas que estableces. Si te conduces en la vida con integridad, se verá obligado a vivir una vida de honor y virtudes... si es que quiere quedarse contigo.

Elévalo a normas de vida más altas. No mediante regaños, sino alentándolo a alcanzar su máximo potencial. Cuando mi esposa me dice cosas como: «Sé que puedes hacerlo» o «Eres de los que logran cualquier cosa que se propongan», sabe muy bien que voy a hacer todo lo posible a fin de lograrlo. Entonces, al expresarme su sincera gratitud y admiración cuando termino esa tarea, siento que cualquier esfuerzo valió la pena. Además, asegura que pondré todo mi empeño cada vez que me anime o me pida que haga algo.

Aumenta sus fuerzas

Las mujeres de influencia añaden fuerza en vez de explotar debilidades. La mayoría de los segmentos de nuestra cultura nos dice que debemos ocuparnos de nuestras debilidades, no de nuestras fortalezas. Aun así, esa es una forma de criticar, no de alentar. Cultivar nuestras esferas de fortaleza es alentador y edificante.

En vez de concentrarte en las cosas que tu hombre hace mal, trata de concentrarte en las que hace bien. Estúdialo bien para ver cuáles son sus puntos fuertes y cuáles sus puntos débiles. Luego, ayúdalo a entender sus fortalezas, los dones que recibió de Dios. Muchos no saben cuáles son sus fortalezas. A todos nos han bendecido con ciertas destrezas y nos faltan otras. Descubre en qué se destaca, y ayúdalo a usar y cultivar esas destrezas para triunfar en la vida. Anímalo a que desarrolle esos dones. Cuando utilizamos los dones que nos dio el Señor, nos sentimos muy satisfechos en la vida.

Procura entender en qué eres fuerte y él no, y en qué lo es él y tú no. Acepta esas diferencias. Después usa tus puntos fuertes, sin mucho alarde, para ayudarlo a triunfar. Eso no es manipularlo; es asociarte con él para utilizar tus fuerzas a fin de compensar las cuestiones en las que él está flojo. Dios te dio esta increíble influencia en la vida de tu hombre para ayudarlo. Dios nos da poder para servir a otros, no para esclavizarlos, ni aplastarlos.

Las parejas que pueden reconocer los puntos fuertes y las debilidades de cada uno y, luego, trabajar con eficiencia como equipo son las parejas más felices y satisfechas en sus relaciones.

Elogia

Si un hombre sabe que su esposa está orgullosa de él, puede resistir un montón de pedradas y flechazos del resto del mundo. Esa es tu importancia. Hay mucha sabiduría en eso de que «detrás de todo gran hombre hay una gran mujer». Estar orgullosa de tu esposo y confiar en su sensatez son dos maneras en que puedes manifestarle respeto.

Elevar a tu esposo en público es otra manera. Lo mismo cuando está presente que cuando no lo esté, dile a la gente lo grande que es. Jáctate de él a sus espaldas. La mujer que decide honrar y respetar a su esposo en público, aun cuando no lo merezca, se está elevando ella misma también. Cuando haces eso, no estás pasando por alto sus errores, sino inspirándolo a adoptar nuevos estándares de comportamiento. Muchos hombres me han dicho que aun si sus esposas no los elevaran en su presencia, el que se jacten de ellos ante otros es más que suficiente. Eso los inspiraba a intensificar sus esfuerzos por ser mejores. Los hombres tienden a juzgar su triunfo en la vida según la felicidad y el respeto de sus esposas. *En los matrimonios de mayor éxito, la esposa es sincera al expresar admiración por su esposo y no le da pena decírselo a él y a los demás.*

Una trampa en la que caen muchas mujeres y que creo que nuestra cultura promueve es esperar ciertas normas altas de sus esposos antes de respetarlos. Honrar a tu hombre es un regalo que le das y no se basa en sus logros. Ya no sería honrar, sino reaccionar.

No estoy seguro de cómo ni cuándo mi esposa comenzó a tratarme con respeto, pero sí de que no estaba en una etapa de mi madurez en que lo mereciera. Puedo decirte que por lo que me decía (y mostraba), me admiraba y me respetaba, me inspiraba a esforzarme más por vivir conforme a lo que pensaba de mí. Creo que todo hombre de carácter reaccionaría de la misma manera.

Tiempo atrás escuché a una señora hacer este comentario acerca de mi esposa a otras mujeres: «¡Suzanne pone en alto a su marido más que ninguna otra mujer que haya conocido». Casi se me revientan los botones de mi camisa. De veras que me motivó a brindarle todo el amor y el honor que tanto ansiaba. Y cuando una mujer pone en alto a su esposo en público, ni te imaginas la credibilidad que le brinda a un hombre. Creo que le da ventajas en muchas circunstancias de la vida que de otra forma no tendría. Estoy seguro que muchas personas me tienen en un nivel más alto de aprecio que el que merezco por la forma en que mi esposa habla de mí y me trata en público.

Si quieres ver a tu esposo caminar erguido, dile: «Estoy muy orgullosa de ti por hacer eso». Si quieres alentarlo durante tiempos de luchas, dile: «Te admiro y respeto mucho por todo lo que estás haciendo». Dile que piensas que es un buen hombre. Él nunca escucha eso de ninguna otra persona, y es importante. Créeme, va a esforzarse para que quieras decírselo otra vez. Aun si sus tareas son duras o desagradables, dejará de quejarse y rezongar y seguirá adelante con sus tareas. Pocos hombres se arriesgarían a desencantar a sus esposas después que estas los elogian por hacer algo bien.

Mi esposa me dice que muchas mujeres se quejan de sus esposos con sus amigas. Esto desanima a los hombres y ellas no quedan muy bien paradas. «Imagínate lo que desinfla a un hombre enterarse de que su esposa se ha estado quejando de él y criticándolo con sus amigas».

Además, no te preocupes de que se le pueda «inflar» la cabeza con tus elogios. Cuando usas las cualidades de admiración y respeto con un hombre, le estás poniendo delante una visión más noble de la vida y tratará de cumplir con todas esas expectativas en todo sentido.

Validación

La validación es otra arma que las mujeres pueden usar con los hombres. Las personas que reciben validación están

Palabras que le dan energía a tu hombre

- Confío en ti. Creo en ti.
- Eres un verdadero hombre.
- Aprecio lo duro que trabajas a fin de proveer para nosotros.
- Sé que puedes hacerlo.
- Estoy muy orgullosa de estar casada contigo.
- Creo que puedes hacer cualquier cosa que se te ocurra.
- Siempre he admirado y respetado a hombres como tú.
- Gracias por ser un hombre con el que puedo contar.
- Tú eres un buen hombre.

capacitadas para madurar y cambiar. Validar a alguien es darle aprobación y confirmarle su dignidad y valor.

La primavera pasada mi esposa y yo anduvimos en una gira de conferencias en la península de Kenai en Alaska. Durante un receso en una conferencia, una señora solicitó hablar conmigo. Acepté con un poco de renuencia, pues se veía que había estado llorando y, como a cualquier varón, eso me ponía muy nervioso. Cuando nos apartamos de los demás, con lágrimas comenzó a contarme su historia. Me dijo que su esposo era alcohólico y drogadicto. Su matrimonio estaba en ruinas y habían estado a punto de divorciarse. Después me dijo que por algún milagro, contrario a su carácter, su esposo asistió a mi conferencia sobre paternidad de la noche anterior. Después de la conferencia, se fue a la casa y se tiró de rodillas para pedirles perdón a su esposa y a sus hijos. Les dijo que nunca se había dado cuenta de la importancia de ser padre y esposo, y que si lo perdonaban, se iba a esforzar más por cambiar.

Entre sollozos me dijo que era la primera vez en muchos años que se había sentido validada como mujer y como esposa. Sonrió y me dijo: «Ahora tengo esperanza. Gracias por salvar mi matrimonio».

Estaba dispuesta a perdonar y comenzar de nuevo porque se sentía validada. Su esposo estaba dispuesto a cambiar porque se le había validado su importancia. La validación allana muchos desacuerdos. Hace que años de duros esfuerzos y luchas parezcan haber valido la pena. Y hará que un hombre, o una mujer, *deseen* ser mejores; madurar y cambiar.

Perdón

El perdón es otra de las armas. El perdón es algo con lo que luchan las mujeres. Las mujeres parecen tener más memoria que los hombres, sobre todo en cuanto a los errores de estos. Mi esposa puede recordar casi todo lo que he dicho o hecho para herirla con fecha, hora y severidad en los últimos veintiséis años. La mayoría de las veces, una vez que me saco algo del pecho, lo olvido y sigo adelante. Su disposición a perdonar con generosidad mis errores me permite aprender y crecer en cuanto a ellos. Si mi esposa fuera a albergar mala voluntad contra mí por largos períodos, proyectaría una sombra sobre nuestras relaciones.

Aprecio

Todo hombre quiere que lo aprecien. Mi esposa muestra que me ama y aprecia en una variedad de pequeños detalles. Filtra las llamadas telefónicas para que no me molesten los vendedores u otras personas que quieren hacerme perder tiempo. En las actividades, me protege de la gente que quiere monopolizar mi tiempo o causarme daños emocionales. Se las arregla para comprarme mis comidas favoritas. Y en la cena siempre me sirve primero que a los demás.

Quizá sean cosas pequeñas, pero que me demuestran un sincero aprecio.

Influencia de otros hombres

Mencioné antes que a los hombres no nos gusta que nos estén diciendo lo que tenemos que hacer. No obstante, si puedes animarlo a que se reúna con otros hombres de carácter, aceptará los consejos que le den. También le proporcionarán modelos de conducta y supervisión. Pueden influir en sus perspectivas como no lo puede hacer una mujer. Por ejemplo, puedo recordar varias ocasiones en las que hombres que yo respetaba me dijeron cosas que quizá nunca hubiera recibido bien si me las hubiera dicho mi esposa. Cosas como: «Creo que estás fuera de base en esto. Podrías pensarlo de nuevo», o «Si haces eso, he aquí lo que sucederá...».

Algunas mujeres que conozco sienten celos cuando el esposo pasa su tiempo libre lejos de ella, sobre todo cuando está con otros hombres. Una esposa posesiva puede asfixiar a un hombre. En cambio, si los hombres con quien pasa tiempo son dignos de respeto, pueden ejercer una enorme influencia positiva en él. Muchas veces pueden inspirarlo a cambiar de maneras que ningún acoso, adulación, llanto o enojo de tu parte puede lograr. Cuando combinas esa influencia masculina con tu influencia femenina positiva, ¡pueden suceder cosas maravillosas en la vida de un hombre!

¿Qué no da resultado?

Las armas que he mencionado son muy eficaces para sacar a la superficie lo mejor de tu esposo. Sin embargo, hay armas a las que otras mujeres apelan que producen más bien frustración que aliento.

Los hombres prefieren la sinceridad a la manipulación. Si le pides con amor a un hombre que haga algo, tendrás resultados mejores que si te vales de un chantaje emocional.

Los hombres aborrecen que los estén regañando. Aun la Biblia habla de lo desagradable que le resulta a un hombre este tipo de conducta: «una esposa que busca pleitos es tan molesta como una gotera continua» (Proverbios 19:13, NTV). ¿Se creerán algunas mujeres que tienen el derecho inherente a regañar y quejarse después de la boda? Parece que esperan que los hombres lo acepten sin decir nada como contrapartida.

Ella dice	**Él piensa**
Nadie me ayuda en la casa.	Tengo que trabajar más para pagar a una criada.
Nunca tenemos dinero.	Piensa que no soy un buen proveedor.
Ya no salimos jamás.	Nunca está satisfecha haga lo que yo haga.
Tú apenas entiendes.	¿Cuál es el problema a fin de que pueda solucionarlo?
Tenemos que hablar.	¿Qué hice mal esta vez?
¡Tú nunca me escuchas!	¿Me dijo algo?

Las mujeres regañan porque da resultado, pero es agobiante... para ambas partes. Como me dijera una mujer: «Tratar de cambiar a un hombre es molesto y, de plano, no da resultado». Sin embargo, lo que un hombre interpreta como regaño, para la mujer es tratar de que el hombre escuche y se solidarice con ella. El hombre tiene que tratar de entender lo que la mujer quiere decirle cuando piensa que lo está regañando. De otra manera, lo típico es que se cierre si piensa que lo está regañando. Las habilidades de comunicación son fundamentales para ayudarlo a entender tus necesidades.

Los ruegos y los intentos de persuasión se pueden usar también para forzar a un hombre a hacer lo que no quiere, pero a la larga puede causar problemas. Los niños suelen usar esta táctica. Esperan cansarte y obtener lo que quieren si lo hacen bastante. Los hombres soportan esta conducta en los niños, pero la hallan indigno en las mujeres.

Sermonear es lo mismo que regañar. Mi esposa puede hacerlo como el mejor. Cuando cae en un frenesí en cuanto a algo, puede estar sermoneando una hora y más sin notas y sin parar. Nuestros hijos hallan este don espiritual de ella más que irritante. Duran alrededor de un minuto antes de que se les empañe la visión. Por lo general, yo puedo concentrarme durante varios minutos antes de que comience a dar cabezazos también. Lo que digo es que la corta duración de la atención de un hombre hace que deje de oírte si no eres breve y concisa.

Los gritos y la beligerancia son estrategias negativas ante un hombre. Los otros días presencié un horrible espectáculo en un supermercado. Una beligerante y enorme mujer le estaba rugiendo a su pareja con la furia de un exasperado toro de ojos enrojecidos que patea el suelo. El hombre solo se quedó mirando con fijeza el piso. Como hombre, sentí compasión, vergüenza y no poco desprecio por aquel individuo. Si una mujer le falta así al respeto a un hombre, ningún otro hombre lo respetará.

Hacer lo que hizo ella quizá lo intimidara a ceder en tal circunstancia, pero lo castró de manera emocional y lo dejó despojado de amor y deseo de estar con su esposa.

Cómo hablar para que él escuche

A los hombres no les gusta que les digan lo que deben hacer. Una mujer puede parecer estar diciéndole a un hombre lo que debe hacer aun sin querer hacerlo. Por ejemplo, cada vez que dices: «Tienes que...», «Debes...» o «Vas a tener que...», lo estás dirigiendo. Si está teniendo un día difícil en el trabajo, va a estar más sensible y puede interpretar tus comentarios como órdenes.

Quizá solo estés tratando de ayudarlo, pero lo interpreta como que piensas que necesita que lo rescaten o que no tiene madera para resolver los problemas por sí solo. Los hombres detestan cuando las mujeres corren en su auxilio sin darle la oportunidad de resolver ellos sus propios problemas. A los niños hay que rescatarlos, a los hombres no. Aunque les gusta resolver *tus* problemas, quieren resolver los suyos sin la interferencia de otros.

Cuando trabajo con grupos de hombres, siempre evito decir «tienes», como en «*Tienes* que hacer esto». Esa selección de palabra le dice a un hombre que es un tanto incompetente. Utilizo otros términos menos amenazantes como: «Me gustaría animarte a que consideraras esto» o «Quizá lo sepas, ¿pero qué me dices de hacerlo de esta manera?». Trata de sugerir cosas que él pueda considerar y determinar si las escoge o las rechaza mediante su propia voluntad.

Una mujer lo expresó de esta manera:

> Durante mucho tiempo estuve criticando a mi esposo sobre varios asuntos. En sus clases aprendí que un hombre necesita respeto. Me fue difícil, pero dejé mi hábito de criticarlo. Con el tiempo tuve que abandonar las críticas mentales porque estas se convertían en palabras. Jamás le dije que estaba dejando de criticarlo. Lo hice y ya. A los tres

> meses me dijo: «Creo que nos hemos vuelto a enamorar». Después de un tiempo estuvo más dispuesto a hablar de cuestiones concernientes a la crianza de los hijos y al progreso espiritual. Comprendí que cuando lo criticaba, estaba estorbando su crecimiento espiritual. No tenía espacio para crecer porque siempre lo estaba atacando.

De igual manera, el que estés siempre insatisfecha y disgustada es muy estresante para un hombre. Repito, su mentalidad es la de un solucionador de problemas. Juzga sus éxitos a través de tu satisfacción. Si es incapaz de hacerte feliz, se considera un fracaso.

El enojo y el tratamiento del silencio en su contra también son contraproducentes. Debido a que le gusta que lo dejen tranquilo cuando tiene un problema, piensa que te está respetando si te deja tranquila con tus cosas. Cuando hay problemas serios, no habla al respecto porque siempre se siente en desventaja. De modo que ni siquiera podría notar que tú usas el tratamiento del silencio desde hace rato. Por supuesto, esos platos y esas ollas que haces sonar en la cocina no te sirven de nada.

Otra cosa que debes evitar es comparar a tu esposo con otros hombres. Así como es destructivo que un hombre compare a su esposa con otras mujeres, es batalla perdida compararlo con otro hombre. Los hombres son tan competitivos que compararlo (aun de forma indirecta) con otros puede enojarlo y resentirlo o hacer que se cierre y se dé por vencido si se siente derrotado. Esto es más cierto aun en cuanto a su trabajo y lo que gana. Quejarse de sus entradas es como si él se quejara de cómo luces tú. Una mujer puede hacer esto aun sin darse cuenta. Por eso es de suma importancia también no criticarlo jamás frente a otros hombres. Tomarían como una señal de debilidad si la propia esposa del hombre no lo respeta.

Recuerdo que cuando nuestros hijos eran pequeños, Suzanne estaba muy impresionada con lo bien que le iba en los negocios al esposo de su amiga. Hablaba constantemente (a mi juicio) acerca de lo maravilloso que era y cómo había hecho esto o aquello. Mi negocio apenas comenzaba y tenía problemas. Como hombre al fin, y porque no podía reconocer mis vulnerabilidades, no le mencionaba lo que me dolía eso, ni de mi enojo hacia ella. Me sentía bien resentido y estoy seguro de que eso impactó nuestro matrimonio en otras cosas. Aunque ya hemos hablado de esa situación y sé que su intención no era degradarme al celebrar al otro hombre, creo que todavía tengo algún resentimiento en contra de aquel hombre, aunque él no tenía la culpa de lo que yo sentía. Lo interesante es que aunque años después ella ni siquiera recuerda que estuviera tan impresionado con aquel hombre, todavía siento la herida.

Si comparas a tu esposo con otros hombres, que sea en cuanto a buenas cualidades. Por ejemplo, si piensas que es más varonil que el esposo de tu amiga, quizá esté bien que se lo digas. Y, por supuesto, ¡si le dices con frecuencia lo buen amante que piensas que es, lo mantendrás inflado!

Hablando de eso, privarlo del placer sexual es una estrategia peligrosa. *Sin embargo, da resultado*, quizá digas. *Siempre logro lo que quiero cuando lo hago*. Pudiera darte resultado a corto plazo, pero a la larga produce serios daños a la relación entre ustedes. En efecto, si una mujer priva del placer sexual a un hombre hasta que logra lo que quiere, este capitulará. Aun así, pudiera buscar la revancha o mostrar su resentimiento en formas más destructivas. Recuerda que el placer sexual para el hombre, más que una necesidad física, es un requisito emocional. Le dice a él que lo amas. Cuando te vales de una «necesidad» fundamental como el placer sexual para manipular su conducta, le faltas al respeto y haces que se sienta traicionado y manipulado. Hablaremos de esto con más detalles en el capítulo 8.

Estas son solo algunas de las estrategias y trampas que debes tener en mente para ayudar a tu esposo a alcanzar su potencial. Es probable que algunas den mejor resultado que otras, dependiendo de las relaciones entre ustedes y su singular forma de ser. En general, no obstante, si tienes en mente estas sugerencias, verás que tus esfuerzos serán más productivos y tu nivel de frustración será menor.

7

El primer hombre en la vida de toda mujer

> De su padre es que ella comienza a captar mensajes que perdurarán para toda la vida: «Me consideran los hombres, o no, bonita, deseable, valiosa, fiable, débil, fuerte, tonta, brillante»; «Los hombres son, o no son, sinceros, amables, nocivos, confiables, accesibles, peligrosos».
>
> Victoria Secunda, *Women and Their Fathers*

Si quieres hacer un impacto positivo en la vida de tu hombre, es importante que entiendas cómo lo escogiste y por qué lo escogiste. Entenderlo no solo te da una idea en cuanto a él, sino también en cuanto a ti misma. A veces aprendemos cosas de mucho valor sobre otros aprendiendo primero sobre nosotros mismos.

La influencia de tu padre

Cada historia tiene un principio, un punto de interés que da pie al desarrollo de la historia. La historia de toda mujer comienza en su niñez. Quizá la mayor influencia en cuanto a cómo relacionarse con el sexo opuesto en su vida le llega a través del padre.

Los padres ejercen una influencia increíble (positiva o negativa) en casi cada aspecto de la vida de sus hijas. Como todas las mujeres que leen este libro han recibido el impacto de un padre (aun por su ausencia), parece un punto adecuado para comenzar a descubrir cómo y por qué escogen a un hombre en su vida y de qué manera se asocian con ellos una vez que comienzan sus relaciones. Tu padre influyó en el concepto que tienes de ti misma, las expectativas que posees de cómo debe tratarte un hombre, la manera en que piensas que debe actuar un hombre, el tipo de hombre que te atrae y cómo tendrás influencia sobre un hombre.

Esta importante influencia paterna me la ilustraron muy bien no hace mucho. Tengo mi oficina en un rincón de nuestra sala de estar donde tenemos el televisor. El otro día mi hija adolescente, Kelsey, llegó enferma de la escuela y estaba viendo un programa de modelaje en la televisión. En ese episodio, como parte del entrenamiento, las jóvenes esperanzadas en ser modelos famosas estaban tomando lecciones de actuación. El maestro de actuación les estaba diciendo cómo llorar cuando se les pidiera. Les dio una hoja de papel en blanco y les dijo que se imaginaran que era una nota del padre diciéndoles que las estaba abandonando para siempre y que no quería volver a verlas. Al instante, todas las chicas se echaron a llorar, y algunas sollozaban de angustia. El instructor les dijo que rompieran el papel y expresaran su ira contra el padre. Esas jóvenes rompieron los papeles con ferocidad y una ira casi violenta.

Aquellas eran ya las mejores actrices que yo había visto, o eran un desgarrador testimonio del poder de un padre sobre la vida de una mujer.

El poder de los padres

Las palabras habladas o escritas tienen gran poder. Las palabras hirientes de un hombre pueden dejar destrozada para siempre el alma de una hija. Muchos hombres y mujeres recuerdan con cariño las notas u otras bendiciones que recibieron de sus padres. Una mujer habló de una percha forrada de papel que era su más preciada posesión. El padre escribió en ella: «Te quiero», cuando ella era pequeña. La llevó consigo a la universidad y al matrimonio. Algunas personas mayores me han dicho que su único pesar en la vida es que nunca le oyeron decir al padre: «Estoy orgulloso de ti» o «Te quiero».

Dios ha puesto en el corazón de nuestras hijas el inherente deseo, aun la *necesidad*, de amar y respetar al padre. Incluso, las que han recibido maltrato o abandono de sus padres, *desean* aún amarlos y respetarlos. Muchas hijas de padres que están presos los mantienen en un pedestal y se niegan a reconocer sus errores. Repito, este es un inmenso poder que necesitamos reconocer y alentar a los hombres a tratarlas con respeto.

Las mujeres que he entrevistado y que dijeron que tuvieron una saludable relación con un padre cariñoso me dieron respuestas serenas, confiadas y gozosas como la siguiente:

> Tuve un hogar cariñoso, crecí con Cristo en nuestra familia, y lo acepté a los siete años de edad. Siempre supe que mis padres nos amaban a mi hermano y a mí, y que se amaban. Mi padre era bueno en los juegos de mesa con mi hermano y conmigo, aunque estaba muy ocupado. Nos volvimos

> «amigos» cuando a mis diecisiete años mi novio (mi primer amor) se ahogó. Papá me dejó llorarlo como necesitaba hacerlo: en silencio y casi siempre en mi cuarto, cuando mi madre siempre quería que habláramos de eso. Fue entonces que comencé a ver por primera vez que papá y yo teníamos personalidades parecidas, y por eso podíamos llevarnos mejor. Después que me fui a estudiar a la universidad, me mandaba mensajes electrónicos a intervalos regulares, aunque yo estaba a treinta minutos de distancia. Tengo guardados casi todos esos mensajes. Eso continuó a través de la universidad, en la escuela de posgrado y durante el tiempo que pasé en el campo misionero. Ya regresé, me casé, tengo un hijo... y ahora hablamos por el celular cada mañana mientras me dirijo al trabajo.

Las mujeres que dijeron tener una malsana o pobre relación con sus padres respondieron con comentarios cargados de dolor y angustia. Sara me dijo:

> Yo era deportista. Me encantaban los deportes. Mi abuela pagó para que yo jugara porque para mis padres no era importante. En trece años de competencias, mi padre no fue ni a uno de los juegos, reuniones, ni ningún otro tipo de banquetes de premiación o reconocimiento de servicios. Me dolía estar en el escenario y que ninguno de mis familiares estuviera presente para apoyarme. En la mayoría de los casos, mis entrenadores me llevaban y traían. Los demás niños pensaban que yo era hija del entrenador porque nunca veían a mis padres. Por eso es que no me perdía un juego o práctica de mi hijo, y quizá fue por eso que fui entrenadora en las Olimpiadas Especiales. No quería que ninguna otra persona sintiera que no tenía a nadie que la aplaudiera y celebrara el espíritu de competencia.

Y para muchas mujeres, sus padres son los varones más importantes de su vida. Las niñas dejan de decirles «mami» a sus madres cuando cumplen los ocho o los nueve años. Sin embargo, muchas mujeres hechas y derechas todavía llaman «papi» a sus padres[1]. Lois Mowday dice en su libro *Daughters without Dads*: «Para una niñita, papi es la autoridad suprema que aprueba o desaprueba quién es ella. Muchas mujeres confiesan que han disfrutado bastante reconocimiento de diferentes personas. No obstante, si el padre muestra desaprobación, es como si no existieran las demás aprobaciones. Necesitan la aprobación final de papi»[2].

Modelos a seguir

Los padres llegan a ser un formidable modelo para sus hijas en cuanto a las cualidades que estas buscan en los hombres y las normas que mantienen. Es el primer hombre en su vida y un ejemplo de cómo un hombre debe tratar a una mujer, de cómo un hombre debe actuar y de cómo el hombre debe manifestarle amor sano y cariño. También establece su expectativa en cuanto a cómo deben tratarla los hombres. Hasta determina cómo una chica se siente en cuanto a ella misma. «Una niñita que tiene el amor del padre sabe lo que es contar con la adoración incondicional y total de un hombre. Conoce la sensación de seguridad que brinda el amor»[3].

Los padres ejemplares que son activos y amorosos en la vida de sus hijas le dan la oportunidad de usar esos rasgos de carácter para medir a los hombres que van a ir apareciendo. El padre que es ejemplo de lo que es tener una buena ética de trabajo permite que sus hijas vean cómo un hombre debe sustentar a su familia. La manera en que un hombre trata a su esposa dice a voces cómo una chica debe esperar que la traten y valoren en la vida. Si el padre da muestras de que valora a su esposa como una persona digna de amor y respeto, la chica esperará lo mismo de su esposo. Si es un ejemplo de abuso y falta de respeto por su esposa, la chica sentirá que se merece que la traten también así como esposa.

Y si su padre le muestra amor, respeto y aprecio por lo que es, se creerá todo eso como mujer, sin importar lo que piensen los demás.

El padre también establece las normas por las que una mujer espera regir su vida. Una señora llamada María me dijo: «Papá me enseñó a valorar la sinceridad, el trabajo duro, la educación y la independencia. Tiendo a tener altas expectativas de mí misma porque siempre he tratado de hacer lo mejor para mí. Y tiendo a esperar que los demás vivan según mis estándares y expectativas».

Otra mujer afirmó: «Papá siempre andaba cerca, sobre todo cuando lo necesitaba, y era muy amoroso y apoyaba mucho a mamá. La familia era siempre lo primero. Así que espero lo mismo en mis propias relaciones. Me encantan los buenos momentos y que mi esposo esté cerca de mí».

Un hombre que es sincero consigo mismo y con los demás será para su hija un buen ejemplo de cómo un hombre debe conducirse con integridad y veracidad. Entre las mujeres que he encuestado y entrevistado, la sinceridad parece ser una de las características positivas que más recordaban de sus padres.

Cuando un padre es un modelo de masculinidad que su hija puede notar, esta lo respetará y admirará toda la vida. El padre establece las normas por las que ella juzgará y medirá a los demás hombres.

Por otro lado, los que descuidan o maltratan a sus hijas las preparan para una vida de dolor, desconfianza y complejo de inferioridad. Se nota el dolor en la siguiente declaración de una mujer: «Tengo expectativas de que me aprecien, me amen, me cuiden y me protejan, que mi esposo no puede llenar. Sé lo que valgo, pero lucho por creer que los demás lo saben, aun Dios».

Comentarios de las mujeres sobre las mejores cualidades de sus papás

- Coherencia y amor.
- Proveedor: una fuerte ética de trabajo.
- Sincero, trabajador arduo, seguro, confiable.
- Le gustar regalar. Le da a mucha gente y ha tocado muchas vidas.
- Es confiable, honrado, trabajador, inteligente y un proveedor excelente.
- El mejor rasgo de carácter de papá es su integridad y su honradez.
- Veraz. Creo que mi padre jamás ha dicho algo que no crea que sea verdad. Él esperaba lo mismo de los demás.
- Es un perenne estudiante y muy tenaz.
- Mi papá tiene una fuerte ética de trabajo.
- Compasión.
- Honrado: fue la persona más honrada que haya conocido jamás.
- Fortaleza, ética de trabajo y buen sentido del humor.

Cuando los hombres son enojadizos e irrespetuosos con las mujeres de su familia, sus hijas esperan el mismo tratamiento de los demás hombres. Si un hombre no mantiene y protege a su familia, sus hijas no esperan que los hombres con quienes se relacionen lo hagan. ¿Por qué están dispuestas a casarse con un hombre que no puede mantener un trabajo ni sostener a su familia? ¿Por qué se casan con hombres que las maltratan? Quizá no lo hicieran a propósito. Quizá ese fuera el tipo de hombre que vieron en sus padres mientras crecían y, de manera inconsciente, se sienten atraídas a ese tipo de persona porque creen merecer esa clase de tratamiento y porque piensan que son indignas de algo mejor.

Una mujer describió el poder de un modelo masculino positivo de esta manera: «No estoy casada, pero sé que tuve un gran ejemplo de lo que es un esposo porque la mayor influencia que mi padre tuvo en mí es la forma en que trataba a mi madre. La amaba, la honraba y la protegía».

Los efectos en las mujeres de no tener un padre

¿Qué pasa cuando papá no está en la vida de su hija? ¿Sigue influyendo esto en cómo se relaciona con los hombres? Recuerda que un hombre no tiene que estar ausente de manera física para que una niña no tenga padre. También puede estar ausente (o ser abusivo) de forma emocional, espiritual y psicológica y de todos modos provocar el mismo caos en la vida de su hija por su falta de participación activa.

«Un tema común entre las mujeres que no tuvieron un padre es la falta de capacidad para confiar en un hombre y para creer que no se les va a ir. Contar con un hombre y amarlo es un acto de fe, porque para ella una relación permanente con un hombre es teórica por completo. Estas mujeres tienden a poner a prueba a su hombre iniciando peleas, hallando faltas o esperando que las abandonen»[4].

Una mujer que creció sin un padre confiesa con facilidad que ha pasado muchos años empujando al esposo hasta donde puede solo para probarlo y asegurarse de que no la va a dejar. El miedo al abandono casi lleva su matrimonio a ser una profecía de autocumplimiento.

Comentarios de las mujeres sobre las peores cualidades de sus papás

- Dominante con mamá y nosotros sus hijos.
- Enojadizo y manipulador.
- Reaccionaba mucho en las situaciones disciplinarias. Para él todo era blanco o negro.
- Abandono emocional. Sentía como que le pesaba que yo hubiera nacido. Muchas veces me decía que me largara o me alejaba con su dureza. Nos sermoneaba, pero nunca conversaba con nosotros.
- Egoísta.
- No estaba dispuesto a defenderse ni a defender a los que Dios había puesto bajo su cuidado.
- No estaba allí para proteger, criar, ni apoyar a sus hijos.
- Tiende a criticar con severidad a las personas y a humillarlas. Parece que se cree gracioso, pero siempre me pareció que en vez de felicitarme por el trabajo que había hecho, me decía: «¿Por qué no lo hiciste mejor?». Sin duda, siempre era muy autoritario. Era el jefe y no se podía cuestionar ninguna decisión suya. Aun ahora, si tengo una opinión diferente de la suya, considera que estoy equivocada y me dice que debo tener la misma opinión que tiene él.
- Mezquino.
- Un impaciente colérico. Se frustraba con facilidad. No era abusador en su ira ni en su impaciencia, pero modelaba un tono de voz enojada, expresiones faciales de enojo y un lenguaje corporal de enojo.
- Hablaba «a» nosotros, no con nosotros. Exigía respeto, pero no respetaba a nadie.

Las chicas sin padres tienden también a idealizar al padre ausente. Las mujeres que caen en la trampa de comparar a sus esposos y a sus novios con la imagen ideal que se han creado de un padre ausente están siempre decepcionadas, pero no porque los hombres sean inadecuados, sino porque tienen ideas distorsionadas de los padres y los hombres. Asimismo, las mujeres con padres ausentes, o que son un mal ejemplo, son muchos más leales a ellos que las que tienen ejemplos positivos. Por ejemplo, las mujeres con padres abusivos o padres presos tienden a idealizarlos y a pasar por alto sus faltas, y hasta sustituyen esas faltas con historias inventadas de buenas obras y atributos positivos. Los padres ausentes siempre tienen la ventaja de que nunca se les halla imperfectos. Las chicas sin padres tienden a imaginar buenas y válidas explicaciones del porqué del abandono, en vez de enfrentar la devastadora realidad de que quizá no las amen. Proyectan sobre ellos cualidades excelentes y conceptos románticos del porqué sus padres no se han interesado en ellas. Luego, fabrican excusas mucho después de probarse que estaban equivocadas.

Otro rasgo común en esas mujeres abandonadas es la ansiedad de tener que depender de un hombre y no poder sostenerse por su cuenta. Se les ha enseñado que no pueden confiar ni depender de un hombre. Otras características de las mujeres sin padres son la ansiedad sexual y el deseo de tener hombres mayores con rasgos paternales.

Las mujeres que no reciben un saludable amor y afecto masculino de sus padres tienen el deseo de recibirlo toda la vida. Muchas mujeres están dispuestas a sustituir o confundir el placer sexual con el amor en su anhelo de cariño masculino. Recuerdo que cuando yo era joven, todas las chicas dispuestas a conceder favores sexuales procedían de hogares sin padres o abusivos. Por supuesto, los jóvenes no lo veían de esa manera, sino como oportunidades.

Las hijas que han tenido el beneficio de tener un padre a su lado son más independientes, más dueñas de sí mismas y más dadas a enfrentar las consecuencias de sus acciones. Las chicas sin padres son precoces en cuanto al interés sexual (tienen tres veces más posibilidad de quedar en estado sin casarse que las que tienen padres) y tienen mucha menos capacidad de mantener una unión sexual y emotiva con un solo hombre. Sin un padre, las chicas tienen que aprender sobre los chicos sin la perspectiva de un hombre. Son como ovejas sin pastor. Sin su influencia y orientación, hasta la actividad masculina más normal les puede parecer absurda y extraña.

Ángela Thomas dice: «Yo puedo estar en un pequeño grupo de mujeres y decirte en cuestión de segundos cuáles de ellas han tenido una relación sana y amorosa con sus padres. Hay una cierta confianza y paz que provienen de una mujer que ha conocido un amor de esas características, y también hay una ansiedad y una inseguridad escondidas dentro de una mujer que nunca ha conocido el amor de un padre o, lo que es aún peor, que ha sufrido heridas a causa de sus palabras, su distancia o sus manos»[5]. Las mujeres a las que sus padres han herido en lo más profundo tienden a cobrárselas en otros hombres en su vida o a ser sus víctimas.

Sin un padre al lado que le provea un modelo a imitar, un afecto físico saludable y una protección, a la chica solo le quedan los ejemplos de masculinidad que ve en la televisión, las películas y los vídeos musicales; sin lugar a dudas, son opciones muy deficientes. Los padres pueden actuar como filtros de las «distorsiones» que le lanza nuestra cultura. Sin ese filtro, las chicas están estresadas y desconcertadas. Se quedan a merced de jóvenes (muchos de los cuales tampoco tuvieron padres) que las acechan como manada de lobos. Los hombres tienen un radar interno que puede detectar la disponibilidad o la vulnerabilidad sexual de una mujer.

Esto expone a las jovencitas y a las mujeres de más edad a depredadores que aprovechan y manipulan su inconsciente deseo y anhelo de amor paternal. Si combinamos esto con su anhelo natural de la expresión amorosa física y emotiva de un hombre mayor, comprenderemos el aumento de madres solteras que perpetúan el ciclo. Muchas mujeres sin padres se rinden ante el primer varón que les muestra algo del afecto o la atención que anhelan.

Sin un modelo de cómo una mujer y un hombre interactúan, la chica está sola frente al misterioso y aterrador mundo masculino; no tienen en su casa el modelo legítimo para observar y examinar. Una mujer sin padre dijo: «Me fascinaban los hombres. Como quería agradarlos, comprometía algunos de mis valores morales». Otra contó: «Necesitaba que cualquier hombre me amara. Nunca creí que pudieran amarme sin que me conocieran. Buscaba cualquier atención de los hombres: tiempo, roces, promesas». Y otra lo dijo así: «Tiendo a que me atraiga cualquier hombre que me preste atención. Me siento halagada y sorprendida por la atención. Supongo que eso es rebajarme».

Cualquier niño privado del derecho a tener un padre en la vida tiene hambre de un padre. Los muchachos y las muchachas que padecen esa hambre de un padre lo expresan de manera diferente cuando son adultos. El Dr. Frank Pittman afirma:

> Las mujeres ahogan a sus compañeros tratando de tener la cercanía que no tuvieron con sus padres. Sin embargo, también hay hombres sin padres. Se criaron con mujeres que tenían todo ese poder emotivo sobre ellos porque sus padres no estaban a la vista. La mayoría de los hombres conoce el mito masculino de demostrar su hombría huyendo de mamá y teniendo una mujer que les responda de manera sexual.

> Por lo tanto, los muchachos y las muchachas sin padres van a tener diferentes fantasías sobre lo que tiene que hacer el sexo opuesto. La fantasía de la chica tiene que ver con querer un hombre maravillosamente fuerte que la cuide y que le preste total atención, porque su padre no lo hizo. La fantasía del joven es que tiene que captar su atención sexual para confirmar su masculinidad, pero asegurándose de que ella no controle sus emociones, porque no tuvo un padre que le mostrara otra forma de ser hombre[6].

Cualquier mujer, pero sobre todo la que no tuvo padre, puede beneficiarse muchísimo de entender y reconocer las influencias de un padre en su vida y en las decisiones que toma, y también de explorar los antecedentes y el legado paterno del hombre que le interesa.

La influencia del padre en las decisiones de una mujer

> Las relaciones de las mujeres con sus padres en la niñez les son importantes para toda la vida. No importa la edad ni el estatus, las mujeres que parecen estar más seguras de sus metas y más satisfechas con su vida y sus relaciones personales y familiares, casi siempre recuerdan que sus padres las disfrutaban y estaban interesados de modo activo en su desarrollo.
>
> Stella Chess y Jane Whitbread, *Daughters*

¿De qué manera un padre influye en las decisiones que toma su hija en la vida, sobre todo en sus relaciones? Algo en lo que el padre tiene un papel importante es en el proceso de tomar decisiones en cuanto a la sexualidad de la mujer. Por ejemplo, las chicas con padres desinteresados o ausentes tienden a estar sexualmente activas a una edad más temprana que las que han tenido padre.

Victoria Secunda, en su libro *Women and Their Fathers: The Sexual and Romantic Impact of the First Man in Your Life* (como el padre de una chica, creo que el título da cierto escalofrío), dice esto de la influencia de un padre:

> Las relaciones padre-hija son el terreno de prueba del apego romántico de una hija, su ensayo general para un amor heterosexual. Numerosos estudios señalan que la capacidad de una mujer para unirse a un hombre en lazos de amor recíproco y satisfacción sexual está *directamente* relacionada con la relación que ha tenido con su padre.
>
> *Y las mujeres que tienen dificultades en esto, casi siempre tuvieron padres con los que no podían contar, o que no eran accesibles desde el punto de vista emocional o físico*[7].

El padre de una mujer siempre desempeña un papel importante en las relaciones que esta escoja de manera consciente o inconsciente. Una mujer que ha tenido buenas relaciones con su padre quizá tienda a gravitar alrededor de hombres que tengan las mismas características. Una mujer que está resentida con su padre o lo desprecia es probable que busque a un hombre con cualidades opuestas. Esto puede confundir mucho si no es consciente de estas influencias.

Las mujeres que no han tenido un modelo de masculinidad saludable en su vida suelen tener problemas detectando depredadores, abusadores y hombres que la van a abandonar. Son como ovejas a merced de los lobos. Muchas veces siguen escogiendo el mismo «tipo» de hombre y teniendo los mismos resultados una y otra vez. Por el contrario, las mujeres que han hallado un buen hombre han tenido un buen modelo conforme al cual juzgan a los hombres.

La comunidad en la que vivo tiene dos megaiglesias. La primera la fundaron dos hombres muy talentosos y formidables que han hecho un impacto positivo y han cambiado la vida de miles de personas, incluyendo la mía. Uno de los fundadores abandonó el púlpito hace varios años y se ha convertido en un exitoso autor de libros cristianos de ficción y no ficción, aunque todavía está muy activo en la iglesia. Cuando el otro fundador decidió retirarse, se inició una búsqueda para su sustitución. Se decidió que al yerno del fundador, que inicialmente había abandonado el púlpito, lo prepararían para el cargo.

La otra iglesia, en veinte años creció bajo un pastor dinámico de ser una congregación pequeña a tener veinte mil miembros. Como este hombre ahora desea retirarse, el pastor joven que seleccionaron para que lo sustituyera es, sorpresa, yerno del pastor también.

A primera vista, muchas personas pensarían que hay nepotismo o favoritismo en estas dos decisiones. Sin embargo, ambos jóvenes son pastores talentosos y dotados. Me hizo pensar: ¿es solo coincidencia o esos tremendos líderes formaron hijas que sin darse cuenta buscaron hombres con potencial para ser grandes hombres como sus padres?

El padre de una mujer es la mayor influencia en la manera en que se relaciona con los hombres. Entender la influencia y el papel que tuvo tu padre en tu vida puede ayudarte de forma extraordinaria a reconocer cómo y por qué usas tu influencia. También explica bastante por qué te atrae cierto tipo de hombre, y por qué una mujer puede sentir que necesita «cambiar» a su hombre.

Te animo a que pases algún tiempo pensando en las relaciones con tu padre y tus presentes relaciones con el hombre que tienes. Luego, pasa tiempo en conversación con tu Padre celestial. A lo mejor necesitas pedirle que te ayude a olvidar a tu padre terrenal. O quizá pedirle que sane algunas heridas o te ayude a aclarar y entender algunas cosas que te confunden. Sé receptiva a lo que Dios te está diciendo en cuanto a ti, a tu padre, a tu esposo y a tus relaciones como hija con tu Padre celestial. Pídele discernimiento para saber cómo usar mejor tu poder de influir para el bien en el hombre de tu vida.

8

La relación sexual *no* es un arma

> Ser un símbolo sexual tiene que ver con una actitud, no con una apariencia. La mayoría de los hombres piensa que es la apariencia, la mayoría de las mujeres lo ve de otra manera.
>
> Kathleen Turner, citado en el *London Observer*

La sexualidad de una mujer puede ser el factor de influencia más fuerte que tenga una mujer con respecto a su hombre. La fuerte persuasión de la mujer en este asunto puede ayudar a cambiar, madurar y mejorar no solo la vida de su hombre, sino también la suya.

Cómo ven los hombres la relación sexual

Como casi todo en la vida, los hombres y las mujeres tienen conceptos diferentes de la relación sexual. Un nivel más alto de la hormona testosterona y sus efectos en el cuerpo y la mente del hombre causan impulsos sexuales más fuertes en el hombre que en la mujer. Dios creó así al hombre para perpetuar a la humanidad. Cuando mi esposa mantiene a raya mis insinuaciones, le digo que estoy tratando de obedecer el mandato de Dios de llenar la tierra.

Los hombres ven el galanteo como un preludio del acto sexual. El galanteo a una mujer la hace sentir honrada, apreciada, amada. Mi esposa dice que cuando la enamoro, se siente la niña de mis ojos, lo que todos queremos creer que Dios piensa de nosotros. Las mujeres están hechas para satisfacerse con un cariño que no es sexual. Cuando lo reciben, por naturaleza responden con expresiones físicas. Los hombres estamos hechos para satisfacernos con placer sexual. Según lo estableció Dios, el hombre debe darle a la mujer honra y atención con cariño que no sea sexual para al final recibir la satisfacción física que necesita.

Lo lamentable es que muchos hombres lo hacen al revés. En su deseo de satisfacer su necesidad, se olvidan de satisfacer primero lo que necesitan las mujeres. Dios hizo al varón con el deseo de procrear, pero el mundo ha convertido ese deseo en lujuria.

Corriendo el riesgo de perpetuar un estereotipo en cuanto a los hombres, digo que existe una obvia posibilidad de que si las mujeres supieran lo que buscan de veras los hombres, no querrían estar en el mismo cuarto con nosotros. Pensarían que somos unos pervertidos. Los hombres siempre están pensando en el placer sexual, aun en los lugares más inadecuados como una iglesia o una funeraria.

A los varones los estimula cualquier cosa... sin razón alguna. Pueden excitarse solo como una función física de su sexualidad. «El humano varón, por causa de la producción de esperma y otros factores, naturalmente desea un alivio sexual casi cada cuarenta y ocho a setenta y dos horas»[1]. ¡Eso es cada dos o tres días! Mi esposa me acusa de haberme fabricado estas estadísticas.

Que los hombres siempre estén pensando en la relación sexual quizá no sea una noticia de última hora para ti, pero la intensidad de cómo impacta en su vida diaria puede sorprenderte.

Según se dice, los hombres piensan en la relación sexual un promedio de treinta y tres veces al día o dos veces cada hora. Algunos dicen que las mujeres solo piensan en la relación sexual una vez al día... cuando el hombre se lo pide[2]. Ya te puedes imaginar lo mucho que distrae el acto sexual cuando se pierde tanto tiempo y energía pensando en él.

Aun de manera inconsciente, los hombres siempre están al tanto de las mujeres que los rodean. Por cierto, como Dios los creó así, considero que quizá sea imposible que el hombre no se fije en el cuerpo de una mujer (sobre todo si es bien atractiva), y no hay hombre en el salón que no sea consciente de dónde está en cada momento. Además, el hombre actuaría diferente si ella no estuviera presente. Es una de las razones por las que no permitimos mujeres en el salón donde se están dictando conferencias para hombres. Impediría que los hombres fueran francos, sinceros y vulnerables. La presencia de una mujer cambia por completo la dinámica del salón. Aun el perfume de una mujer puede alterar la actitud y la conducta de un hombre.

Cómo motivarlo

A los hombres se les puede motivar de diferentes maneras, pero la más eficaz es el respeto y la admiración. Como sabe cualquier mujer, a los hombres se les motiva también por uno de los otros dos deseos: uno es la comida, el otro es esa parte que está un poco más abajo del estómago.

Después que nacieron nuestros dos hijos, mi esposa, Suzanne, creyó más saludable no seguir tomando la píldora. Sin embargo, tener que valernos de otras formas de control de la natalidad restringiría la espontaneidad de nuestra vida sexual. Para resolver este problema, a Suzanne se le ocurrió una brillante solución. El problema es que no me entusiasmaba para nada las palabras «frío y afilado acero» mencionadas con relación a esa parte de mi anatomía. Así que para tratar de convencerme de dejar que me hicieran una vasectomía, utilizó una de las motivaciones más lógicas que se le podía haber ocurrido. Me explicó con mucho énfasis que una vez que me hiciera esa «simple operacioncita», podríamos «gozar» en cualquier *momento* y en cualquier *lugar* que yo quisiera. Como un buey que llevan al matadero, acepté.

El día de la operación, debo haber tenido la apariencia de un tembloroso semental con ojos desorbitados. Lo único que recuerdo de ese fatídico día es que las enfermeras no me quitaban la vista de encima y hasta había una enfermera situada entre la puerta y yo por si me atrevía a huir. Deseos me sobraban.

Desde luego, muy a mi pesar, el incentivo de Suzanne no terminó siendo del todo cierto, pero de veras me motivó a vencer el miedo que le tenía a la realización del procedimiento. Lo que quiero decir es que el placer sexual tiene mucha importancia para un hombre. Los hombres consideran que las relaciones sexuales son una de las necesidades fundamentales en la vida... lo mismo que el aire, la comida y el agua. La satisfacción de sus necesidades físicas es imperativa para un matrimonio de éxito.

Ten en mente, sin embargo, que un hombre prefiere tener menos relaciones con una compañera dispuesta que más relaciones con una mujer que las considera un «deber». Si su pareja tiene una actitud de «Está bien, vamos a salir de eso», quizá no lo rechace, pero no lo satisfará mucho. Cuando lo deseas físicamente, tienes el poder de calmar las heridas que le inflige este mundo. *Un hombre a quien su mujer lo desea se enfrenta al mundo con seguridad y entusiasmo.*

Dios diseñó la relación sexual para que tuviera un papel importante en las relaciones matrimoniales. «El marido debe cumplir el deber conyugal con su esposa, lo mismo que la mujer con su esposo. La esposa ya no tiene poder sobre su propio cuerpo, sino su esposo; y tampoco el esposo tiene poder sobre su propio cuerpo, sino su esposa. No se nieguen el uno al otro, a no ser por algún tiempo de mutuo consentimiento, para dedicarse a la oración. Pero vuelvan luego a juntarse, no sea que Satanás los tiente por no poder dominarse» (1 Corintios 7:3-5, RVC).

Este pasaje aborda con franqueza el tema de que los matrimonios deben tener relaciones sexuales normales y saludables, que privar a cualquiera de los dos del derecho a esto puede conducir a las tentaciones o a la inmoralidad sexual. El esposo y la esposa tienen privilegios conyugales y posesión exclusiva el uno del otro en este asunto.

Si bien las relaciones sexuales son una fortísima necesidad *física* en el hombre, es mucho más que eso. Las relaciones sexuales satisfacen también una gran necesidad *emocional* de tu esposo. La autora y columnista Shaunti Feldhahn ofrece esta analogía: «La falta de relación sexual es tan emocionalmente grave para él como, por ejemplo, lo sería para ti su silencio, que de repente deje de comunicarse contigo. Para él es como una herida, equivalente a un agravio legítimo... e igual de peligroso para tu matrimonio»[3].

Feldhahn añade: «En un sentido profundo, tu hombre con frecuencia se siente solo y cargado por los sentimientos secretos de incompetencia. Hacer el amor contigo le asegura que lo encuentras deseable, alivia su profundo sentido de soledad y le brinda la fortaleza y el bienestar necesarios para enfrentar el mundo con seguridad. Y, por supuesto, la relación sexual también lo hace sentirse amado. Es más, no puede sentirse amado a plenitud sin ella»[4].

Si quieres que tu esposo sea romántico, tienes que ponerlo por delante de tus hijos. Sí, tus hijos son importantes, pero tu esposo es más importante todavía. Conviértelo en una prioridad. Tu matrimonio es el cimiento sobre el que crecen tus hijos. Muchos hombres piensan que sus esposas los tienen en un lugar secundario. Si le das el primer lugar, estás dándoles a tus hijos un buen ejemplo. Y lo estás inspirando a él para que sea más receptivo al romance.

Algo de veras maravilloso que he notado a través de los años es que mi esposa se vuelve excepcionalmente bella y atractiva cuando me halaga. Cada vez que me dice lo guapo y lo apuesto que soy, resplandece su belleza. No sé bien qué ley universal de la dinámica se aplica a estas circunstancias, pero siempre da resultado.

Entonces, ¿qué cosas son importantes en cuanto a esto? Primero, no temas probar cosas nuevas en el dormitorio (o en cualquier otro lugar). Tu disposición a probar cosas nuevas de vez en cuando le da un nuevo impulso a él. Por lo general, los hombres no tienen aventuras por lujuria, sino por aburrimiento. Quieren aventuras en la vida. He leído libros que sugieren que de vez en cuando recibas desnuda a tu esposo cuando llegue del trabajo. No voy a decir si he tenido o no esa experiencia, pero de veras que me parece una motivación positiva.

Si de vez en cuando puedes brindarle alguna aventurilla, estará feliz de «sembrar en sus propios terrenos», por decirlo así.

Cuando un hombre siente que su esposa lo desea, recibe una inyección en su autoestima. Créeme, si un hombre tiene en casa a una mujer que lo respeta, cree en él y lo desea, no buscará nada fuera de su casa.

Una de las necesidades más básicas de un hombre es sentir que una mujer lo desea físicamente. Si no siente que su esposa lo desea, puede tratar de satisfacer esa fuerte necesidad en otra parte.

La necesidad física que tiene de ti es una de las esferas de mayor influencia que tiene una esposa. Usada como se debe, no solo puede ser divertida y edificante, sino muy motivadora también.

Por qué los hombres no se comprometen

Para las que están solteras y nunca han tenido relaciones con su hombre, ya sea por decisión propia o por circunstancias, quizá haya numerosas explicaciones de por qué él no se compromete a dar el siguiente paso. Aun así, te advierto que el que te acuestes con él no te va a dar lo que esperas.

Para las de ustedes que están solteras y están durmiendo con su hombre, y se preguntan por qué él no quiere dar el siguiente paso, fíjense lo que piensan los hombres del acto sexual y de las relaciones: «¿Para qué comprar la vaca si te está dando leche gratuita?». No, no estoy equiparando a las mujeres con las vacas, por eso a esto se le llama analogía. Tampoco estoy denigrando a las mujeres, pero sí señalando que los hombres están muy bien dispuestos a tomar todo lo que se les da sin tener que trabajarlo.

Hay una gran diferencia entre las relaciones sexuales y el amor. La mayoría de los hombres la conoce. ¿Y tú?

Según el Proyecto Nacional sobre el Matrimonio de la Universidad Rutgers, la razón número uno de que los hombres no quieran casarse es que saben que pueden tener relaciones sexuales sin casarse[5]. Aunque la revolución sexual creó y respaldó un amplio menú de arreglos íntimos para las mujeres, parece que el hombre sale ganando en la mayoría de esos casos, sobre todo en cuanto a la convivencia. El vivir juntos se considera normal hoy en día. Muchos jóvenes creen que no pueden determinar si van a ser compatibles en el matrimonio sin «probar el agua», por decirlo así, viviendo juntos. Esta suposición es falsa por varias razones, la más perjudicial de las cuales es que al vivir juntos, los hombres obtienen todos los beneficios del matrimonio sin ninguna de sus obligaciones. Les lavan la ropa, les cocinan y les dan todo el placer sexual que quieran. Si las cosas no les resultan satisfactorias, agarran sus cosas y se buscan mejores condiciones de vida.

Mientras las mujeres se invierten ellas mismas en estas relaciones (quizá más de lo que piensan), los hombres salen muy bien sin la devastación económica de un divorcio. Muchas veces ella está esperando que sus relaciones íntimas profundicen poco a poco y culminen en matrimonio. Él, por otro lado, considera que el trato no es permanente. Como no está casado, no tiene ninguna obligación moral si se le presenta algo mejor.

Un nuevo estudio muestra que menos parejas que cohabitan terminan en matrimonio de lo que se pensaba. Solo cuarenta por ciento de las mujeres que cohabitan se casan con el hombre con el que están viviendo[6].

Mientras que el concubinato es de seguro una situación más conveniente para todas las partes implicadas, las mujeres casi siempre arriesgan más en esas situaciones. Las mujeres que evitan enredarse demasiado pronto tienen la oportunidad de conocer el carácter, la conducta y las intenciones de un hombre, sin el riesgo de malgastar tiempo valioso y dinero, y sin el dolor de la disolución de esas relaciones.

Las mujeres que piensan en casarse deben entender que no pueden entregar sin más ni más lo más valioso que tienen: su sexualidad. No cuando pueden usarla como fuente de poder y provecho. Entiendo que esto parece bien feo, pero las mujeres han dejado de entender el verdadero valor de sus cuerpos o ya no les importa.

Si estás teniendo relaciones sexuales y te preguntas por qué ese hombre de tu vida no se compromete a casarse contigo ni a tener unas relaciones de exclusividad, piensa en las cosas que motivan a un hombre. ¿Qué puede motivar a un hombre a casarse con una mujer, sobre todo si esta tiene hijos de otro hombre? A los hombres solteros los suelen motivar las cosas que los benefician o que satisfagan sus necesidades básicas. De vez en cuando, aparecen hombres que se enaltecen poniendo en primer lugar a su familia, y quizá hasta a su comunidad, pero es raro. No creo que sea intencional y ni siquiera egoísta en la mayoría de los casos. Es la forma en que los hombres ven la vida.

Para las que no están teniendo relaciones sexuales y luchan con eso de «Si cedo y tengo relaciones sexuales, ¿se comprometerá conmigo?», es probable que la respuesta sea que no. Si cedes y tienens relaciones con la esperanza de que él se comprometa, quizá obtengas lo que esperas, pero es muy posible que esa sea tu peor pesadilla. Cuántas mujeres se han querido morir a la mañana siguiente y se han dicho: «Sabía que no debía hacerlo, pero lo hice. ¡Qué estúpida fui!».

Si la relación sexual no está en el primer lugar de la lista de autocomplacencia de los hombres, no está mucho más abajo. Lo común es que la mayoría de los hombres se sienten bastante contentos si han tenido un lugar seco donde dormir, comida en el vientre y satisfechas sus necesidades sexuales por lo menos con bastante regularidad. Los hombres inmaduros lo *único* que andan buscando es una cama cálida y una mujer para sentirse hombres. ¿Por qué un hombre normal, saludable (*saludable* es palabra clave) se va a meter en todos los problemas y las tensiones de un matrimonio si le están satisfaciendo *todas* sus necesidades básicas? Lo que quiero decir es que si vives con un hombre sin estar casados y le das todo el placer que quiera, ¿qué incentivo tiene para casarse? Sé que muchos en nuestra cultura dirán que esta es una actitud arcaica, mojigata o ignorante. Sin embargo, porque vaya contra lo que la mayoría cree o quiere creer no deja de ser cierta.

Piénsalo. Si entras en intimidad sexual con un hombre sin el lazo del matrimonio, él sabe por lo menos una cosa importante en cuanto a ti: no tendrá que esforzarse mucho para tenerte ni para mantenerte. Cuando le permites que te use para satisfacer sus impulsos sexuales, pierdes todo poder y control en la relación. De veras, es una cuestión de respeto... y el hombre valora mucho el respeto. No aprecian a una mujer que no se respeta a sí misma y se vende barato. «Ya cuando se acuesta contigo, dicen los hombres, le pierdes el respeto y el interés en formalizar tus relaciones con esa mujer»[7]. Los hombres que están dispuestos a quedarse con una mujer así casi nunca son gran cosa tampoco.

Si piensas que estoy siendo demasiado duro con los hombres, recuerda cuántas veces suele salir un hombre contigo antes de que espere acostarse contigo. Si no se ven «reembolsados» en un par de salidas, salen disparados en busca de mejores terrenos para arar.

Las mujeres tienden a idealizar las relaciones sexuales. Para los hombres, en cambio, el coito prematrimonial no es más que eso: un coito. Lo clasifican como una función física o una necesidad muy agradable. Sí, es mejor con alguien que uno ama, pero siempre es deleitoso de todos modos. Es más, para algunos hombres puede ser aun más emocionante si no está opacado y enredado en un compromiso serio.

Sin embargo, debes entender que, aunque esto pueda parecer hipócrita, pocos hombres quieren casarse con una mujer que se ha estado acostando con montones de otros hombres. La mayoría de los hombres todavía quiere casarse con una mujer que pueda pasar la inspección cuando se la presenten a mamá y a papá. Los hombres, quizá más que las mujeres, detestan pensar que la mujer con la que se van a casar se ha acostado con otros. Por naturaleza, va en contra de su hombría. Por eso es que la peor revancha de una mujer contra un hombre es acostarse con su mejor amigo o su peor enemigo. Es devastador para su ego. Quizá se deba también a que sienten que la mujer debe ponerle mejor precio a su cuerpo que entregarlo con frivolidad o usarlo como arma de destrucción y de dolor.

Debes entender también que el *tipo* de hombre con el que escoges estar quizá determine la calidad de hombre que podrás atraer en el futuro. Por ejemplo, si piensas que puedes dormir con hombres de poco carácter y después encuentras un buen hombre, pudieras llevarte una sorpresa. La mayoría de los hombres tiene la norma de que si una mujer ha «estado» con cierto tipo de hombre, no la considera digna de casarse con él. Algunas mujeres han lamentado un error que cometieron por el resto de sus vidas porque se han visto limitadas en el tipo de hombre que han estado dispuestos a casarse con ellas.

Los hombres ven la relación sexual bajo una luz muy diferente a la de las mujeres. A menudo, las mujeres buscan intimidad en sus relaciones. Los hombres son más capaces de disfrutar las relaciones sexuales ocasionales, ya sea que sientan algo por la mujer o no. Por lo tanto, las mujeres están dispuestas a canjear placer sexual por intimidad, mientras que los hombres están dispuestos a dar intimidad a fin de obtener placer sexual. Sin embargo, eso no quiere decir que estén enamorados de esa mujer. En otras palabras, un hombre muchas veces dice o hace algo si piensa que va a obtener el placer sexual que busca. La mayoría de las mujeres lo sabe de forma intelectual, pero continúan canjeando lo que debiera ser su posesión más valiosa por la ilusión del amor. El cuerpo de una mujer (y sobre todo su virginidad) es un exquisito regalo de Dios y suyo para su esposo. Si lo ha valorado y no lo ha maltratado, es un tesoro que él apreciará toda la vida. Si una mujer valora su cuerpo, lo hará mucho más valioso a los ojos de un hombre. En cambio, si no le da el valor que tiene, y lo da gratuito y a menudo, es probable que un hombre no lo valore tampoco.

Muchos hombres entienden que darle a una mujer el afecto que anhela conduce a relaciones sexuales. Aprenden a hablarle a una mujer, a interesarse en sus necesidades y deseos, a prestarle atención y a cubrirla de regalos, flores y amor no sexual. Muchas mujeres ven esto en un hombre y capitulan reaccionando sexualmente (lo cual es natural, a eso está reaccionando), para después ver que se han aprovechado de ella. Es más, muchas veces una mujer cede ante un hombre cariñoso y sensible durante el cortejo, y ve que todas esas palabras y ese cariño cesan cuando él recibe lo que busca. Con bastante frecuencia, los hombres ven la ternura como un medio para alcanzar un fin, mientras que las mujeres lo ven como un componente necesario de unas relaciones amorosas.

Lujuria

La lujuria en un hombre no tiene nada que ver con su esposa ni con su novia. ¡No se trata de ti! Es algo con lo que lucha, algo que está dentro de él. Es una batalla entre las facciones de su alma. No se debe a algo que hayas hecho ni dejado de hacer, ni a tu apariencia, ni a tu peso, ni a cuán dada eres a satisfacerlo de forma sexual. Todos los hombres luchan con la lujuria en un grado u otro. Aun los maridos de las modelos de *Victoria's Secret* lujurian con otras mujeres.

Un hombre aprende a controlar en parte este impulso en función al respeto que le tiene a su mujer, pero la lujuria sigue al acecho en lo más hondo de su conciencia. No es realista pensar que un hombre no va a luchar con esto en su corazón por mucho que te ame.

Una vez que desechas esas ideas y entiendes que no tiene nada que ver contigo, estás lista para empezar a ayudarlo a lidiar con esa pesadilla masculina de una manera más eficaz y productiva.

Quizá la mejor manera de ayudarlo a lidiar con cuestiones de lujuria es hacerle ver que tiene la responsabilidad por sus acciones (como ver pornografía) y entonces ser creativa en hacer de vez en cuando algo atrevido en sus relaciones sexuales.

La realidad es que casi todos los hombres son adictos al acto sexual. Es compulsivo en nosotros mirar a las mujeres por placer. Sé que no todos estarán de acuerdo con esta afirmación, pero es por eso que me cuesta trabajo creer que la adicción al sexo no sea más que pérdida de dominio propio y control. Sí, sé que mirar pornografía libera químicas en el cerebro de los hombres similares a la cocaína en su capacidad de crear hábitos y deseo de más. Con todo y eso, también conozco las luchas que yo (y casi todos los hombres que conozco) tengo por dominar mi naturaleza lujuriosa. Y también reconozco que si me descuido, puedo convertirme en un adicto al sexo, como le puede pasar a cualquier hombre.

El problema con cualquier apetito bien enraizado (como el del hombre con el sexo) es que cuando lo satisface de manera ilícita, obtiene una satisfacción pasajera. Como con cualquier vicio, el apetito regresa con más fuerza. El apetito nunca termina, y la dosis que se necesita para lograr el último resultado es siempre mayor. Por eso los hombres que no se controlan (como en el vicio del placer sexual), aun acostándose con diferentes mujeres, se sienten muy mal.

La mujer que entiende y aprecia su sexualidad tiene una formidable ventaja porque puede valerse de la misma para influir en la vida de su esposo. Sin embargo, como con cualquier mecanismo potente, debe tratarla con respeto. Debido a que llena una robusta necesidad en su hombre, puede utilizarla como un arma si no se usa como es debido. Aprende acerca de esto todo lo que puedas, a fin de que puedas usarla de forma positiva para alentar e inspirar a tu hombre a ser todo lo que es capaz de ser.

9

Las diez principales cosas de los hombres que enloquecen a las mujeres

Si un hombre habla en el bosque y no hay por allí una mujer que lo escuche, ¿sigue equivocado?

Pegatina en un auto

Para las que han mirado la tabla de contenido y han saltado a este capítulo con la esperanza de ver cómo «arreglar» a su hombre, bienvenidas. Sin embargo, espero que vayan atrás y lean los otros capítulos cuando tengan tiempo.

En una osada exhibición de valentía, animé a las mujeres de mi extenso directorio de direcciones de correo electrónico a que enviaran una lista de las diez principales cosas de los hombres que vuelven locas a las mujeres. No hay ni qué decir que recibí *montones* de respuestas. Al leerlas, tuve que reír, porque aparte de las que eran mezquinas, ¡casi todas eran ciertas! Me hicieron gracia debido a que (1) las mujeres estaban ansiosas y entusiasmadas por sacarse del pecho sus quejas, y (2) porque sabía que eran verdades (la mayoría las reconocí en mí). Así que permíteme darte una lista de las diez más populares y expresaré mis reacciones y puntos de vista masculinos sobre cada una. Quizá eso te ayude a entender y reconocer que no estás sola.

Sin embargo, antes de empezar, déjame decirte algo que debes tener en cuenta. Me gustaría que meditaras de veras en lo que te voy a decir. Cuando lo leas, por naturaleza te sentirás inclinada a no prestarle atención. Si una mujer te dijera esto, asentirías con aire de sabiduría y pensarías que había dicho algo profundo. Cuando lo digo yo, te sentirás tentada a tenerme como un cerdo chauvinista. Aquí va: *Cuesta mucho menos trabajo hacer feliz y satisfacer a un hombre que a una mujer.*

Piensa en esto un minuto, porque es importante captar la debida perspectiva antes de continuar. Dado que se trata de un hombre y una mujer normales y saludables, creo que estarás de acuerdo en que tengo la razón: los hombres necesitan menos atenciones que las mujeres. Esto es importante porque si mides a los hombres con la misma medida con que mides a las mujeres, siempre estarás desilusionada y defraudada. *No puedes esperar que un hombre sea hombre y después enojarte con él porque ya no actúa como las mujeres.* No obstante, si reconoces que relacionarte con un hombre, si bien este es diferente, te cuesta menos trabajo que, digamos, tu amistad con una mujer, te sentirás complacida y tendrás menores expectativas.

También las mujeres tienden a enojarse más en sus relaciones que los hombres. Suelen estar enojadas con su pareja más a menudo y por períodos más largos que los hombres. La tendencia es que a una mujer le tome más tiempo procesar su enojo que a su esposo.

Lo normal es que un hombre explote y se recupere más pronto de su enojo. Casi siempre, lo que un hombre anhela tener en sus relaciones y en su casa es tranquilidad. Quiere una casa limpia, que los hijos se comporten bien, que todos los aparatos funcionen como es debido y una esposa feliz. Quiere un lugar al cual pueda ir a recargar sus energías y relajarse. Si al llegar a casa se encuentra una esposa enojada, lo que le molesta es no saber cómo satisfacer sus necesidades.

Mi esposa les advierte a las mujeres que es más fácil tener sus necesidades satisfechas si se suplen las de su esposo. Cuando ambos están en necesidad, no tienen reservas emocionales para satisfacerse el uno al otro. Como lo normal es que un hombre sea la criatura más fácil de complacer, es lógico que si una mujer quiere ver satisfechas sus necesidades tiene que satisfacer primero las de su esposo. Alguien tiene que ir primero. Entiendo que las mujeres ya llevan la carga de la mayor parte de la responsabilidad de fomentar las buenas relaciones, pero eso puede ser una simple realidad de la vida. Y reconocerlo puede ayudar a terminar mucha de las molestias que experimentas en tus relaciones.

Así que, en un espíritu de diversión, aquí están las diez principales cosas de los hombres que vuelven locas a las mujeres, sin un orden en particular.

No ayuda en los quehaceres de la casa

Me bombardearon con comentarios como: «Los hombres se van al trabajo, regresan y piensan que ya terminó su día. El día de una mujer *nunca* termina». Otro comentario que encaja muy bien en esta categoría fue «Los hombres no se dan cuenta del desorden que hacen. Además, fingen no saber o no estar seguros de la definición de "limpio"».

Los hombres parecen propensos a dejar la ropa sucia en el piso o a no fijarse en las vasijas sucias en el fregadero. Y su definición de limpio quizá sea un poco más indulgente que la de la mayoría de las mujeres. También es cierto que la mayoría de los hombres no ayuda tanto en los quehaceres hogareños como pudiera o quizá debiera. Sin embargo, estamos mejorando.

Según un reciente estudio, los esposos se ocupan del cuarenta por ciento de las tareas hogareñas[1].

Además, debe haber motivos por los que los hombres se sientan más cómodos trabajando fuera de la casa. Es menos peligroso. Un reciente estudio de la Asociación Estadounidense del Corazón reveló que los hombres que se consideran «amos de casa» tienen una tasa de mortalidad mayor que sus homólogos que trabajan fuera[2].

Esta mujer resumió bastante bien los sentimientos de muchas mujeres acerca de este asunto con los siguientes comentarios:

> Las mujeres quieren hombres que las protejan y contribuyan en la forma «masculina» tradicional, pero en nuestra sociedad de hoy, es como si la mujer tuviera que ser todo un hombre y ocuparse también de los deberes femeninos. Tengo que ocuparme del patio, de llevar los autos a que les den mantenimiento, de concertar citas con los médicos o los maestros, de lavar la ropa y de reparar la casa [...] ¿Qué rayos hace aparte de ir al trabajo durante el día? Yo voy al trabajo durante el día y trato, ADEMÁS, de ocuparme del resto de estas cosas. ¡Él llega a la casa y no hace nada en comparación!

Otra lo dice de una forma más sucinta: «Se pasa todo el tiempo libre frente al televisor».

La otra noche vi un programa en la televisión sobre una tribu primitiva que vive a orillas del Amazonas. Cuando las entrevistaron con un intérprete, las mujeres de la tribu se quejaron de que lo único que los hombres hacían era ir de cacería y regresar a la casa a sentarse a mirar la hoguera. Parece que es lo mismo en todo el mundo, ¿no es así?

CLASES DE INVIERNO PARA HOMBRES EN EL CENTRO DE ESTUDIO PARA ADULTOS

NOTA: DEBIDO A LA COMPLEJIDAD Y AL NIVEL DE DIFICULTAD DE SU CONTENIDO, EL TAMAÑO DEL GRUPO SE LIMITARÁ A UN MÁXIMO DE OCHO PARTICIPANTES.

El papel sanitario: ¿Se repone solo?
Mesa redonda. Se reúne dos semanas, sábado a las doce del día por dos horas.

¿Es posible orinar usando la técnica de levantar la tapa y evitar mojar el piso, las paredes y la tina cercana?
Práctica de grupo en reuniones de cuatro semanas, sábados a las diez de la noche, dos horas.

Aprendizaje de cómo buscar cosas: Comenzando con buscar donde se debe y no poner patas arriba la casa mientras se grita
Foro abierto. Lunes a las ocho de la noche, dos horas.

Los verdaderos hombres preguntan las direcciones cuando andan perdidos: Testimonios de la vida real
Martes a las seis de la tarde, se anunciará el lugar.

Aprendizaje para vivir: Diferencias básicas entre una madre y una esposa
Clases en línea y juegos de desempeño de papeles. Martes a las siete de la noche, se anunciará el lugar.

Cómo ser la compañía ideal en las compras
Ejercicios de relajación, meditación y técnicas de respiración. Reuniones durante cuatro semanas, martes y jueves por dos horas desde las siete de la noche.

La cocina / horno: Qué es y cómo se usa
Demostración en vivo. Martes a las seis de la tarde, se anunciará el lugar.

Extractado de un correo electrónico anónimo

No tengo ninguna brillante percepción de la mentalidad masculina en cuanto a por qué no hacen más tareas hogareñas que... no lo queremos y ya. Sin embargo, quizá haya muchas maneras de motivar a los hombres para que ayuden en la casa que den mejores resultados que la queja constante.

Una señora dijo: «Para la mayoría de las mujeres, es *muy* romántico que el esposo esté ayudando en la casa y con los niños. Es cierto, ¿sabes? El sexo comienza en la cocina».

No sé si eso es cierto o no, pero puedo asegurarte que muchos hombres no son conscientes de este hecho. No estaría mal decírselo al tuyo si lo sientes de esa manera. Estoy seguro de que si la mayoría de los caballeros supiera que algún lavado de ropa o de lozas de vez en cuando va a aumentar de forma significativa la posibilidad de salir «premiados», te apuesto a que estarían más motivados a hacer tareas domésticas sin que se lo recuerden.

Se cierra emocionalmente

Varias docenas de mujeres comentaron que los hombres o no estaban dispuestos o no podían expresar lo que sentían y hablar acerca de sus problemas. Pensaban que si un hombre necesitaba tiempo para ordenar sus ideas, debía decirlo y prometer hablar del asunto al cabo de un tiempo razonable.

A los hombres les cuesta reconocer, entender y lidiar con sus emociones. Los hombres no expresan sus emociones como las mujeres. Por ejemplo, un hombre *hace* cosas por una mujer para mostrar que le importa. Le dice que la ama lavando o cambiándole el aceite de su auto. Yo con regularidad le reviso los líquidos, los neumáticos y las condiciones del auto de mi esposa. Haciendo cosas para ti es el lenguaje del amor del hombre.

Parte del problema que tienen los hombres con las emociones es el temor. Los hombres no entienden las emociones y por eso no pueden controlarlas. No poder controlar algo tan fuerte como las emociones los asusta. La otra parte es que a los hombres les han enseñado a no cultivar su lado emocional. Se les enseña a ser fuertes, resistentes y autosuficientes. Parte del proceso manda que aprendan a ocultar cualquier dolor físico o emocional. Los niños no deben llorar como las niñas, y a menudo no se les enseña a reconocer y entender sus emociones como a las niñas. Quizá porque los niños se demoran más en desarrollar su capacidad de expresarse que las niñas, no hablemos tanto ni con tanta profundidad como las mujeres. Dado su físico, damos por sentado que los varones son tan fuertes por dentro como por fuera.

Los niños, avergonzados de ser vulnerables, aprenden a sufrir en silencio y a ocultar sus emociones. Un niño aprende temprano en la vida que expresar dolor, miedo o debilidad es desatar un torrente de críticas, burlas y bromas de parte de sus compañeros. El «código» no escrito de los varones es que deben tragarse sus necesidades, su soledad, sus impotencias y sus miedos. Nunca deben quejarse ni llorar por sus dificultades o problemas. Aprenden a ocultar sus sufrimientos tras una máscara de estoicismo o, lo que es peor, de ira. «Aprenden tan bien a usar la máscara que ni se dan cuenta de que lo están haciendo»[3].

Lo triste es que este enmascaramiento de emociones no les permite aprender lo que son en verdad. Sobre todo, los que hemos tenido una niñez traumática, la cáscara con la que recubrimos nuestro blando y desprotegido vientre sirve también para mantener paralizadas nuestras emociones.

Recuerdo estar orgulloso de que jamás había derramado una lágrima como hombre adulto en cerca de veinte años. La verdad es que mis emociones estaban congeladas. No podía sentir nada (excepto ira) porque había cubierto muy bien mis emociones con un mecanismo de defensa protector. Cuando Dios comenzó a sanar mis heridas internas, fue como si se me hubiera derretido el corazón congelado. Ahora que soy un viejo sensible, termino llorando hasta por un sombrero que cae. Supongo que ese líquido que sale de un corazón que se derrite tiene que ir a alguna parte.

Muchas de las pruebas emocionales que un niño se ve forzado a soportar producen rasgos y destrezas necesarios para sobrevivir y triunfar como hombre. Lo triste es que los niños que están resguardados y sobreprotegidos por sus madres casi nunca adquieren (a través de los duros golpes de la vida) el carácter fuerte necesario para ser todo un hombre... un hombre capaz de defender, proteger y sustentar a una familia. En cambio, sin la debida orientación, esas pruebas pueden torcerse y convertirse en experiencias torturantes con consecuencias devastadoras. En el mejor de los casos, algunas de esas pruebas y de esas iniciaciones pueden convertir al niño en el roble fuerte que necesita ser para guiar a una familia. En el peor de los casos, pueden inhabilitarlo desde el punto de vista emocional.

Por eso los hombres se cierran en cuanto a sus emociones.

Entonces, ¿de qué forma puede una mujer utilizar sus influencias para ayudar a un hombre a estar más al tanto de sus emociones? Por absurdo que parezca, algo simple que me ayudó fue una de esas tablas que muestran diferentes rostros con el nombre de las emociones subyacentes. Mi esposa me sugirió que la pusiera en la puerta del refrigerador para que nuestro hijo reconociera lo que estaba sintiendo, pero tengo la ligera sospecha de que lo hacía por mí también. De todos modos, ese tipo de cosas puede ayudar a un hombre a entender lo que está sintiendo.

Él ni escucha ni recuerda

Muchas de mis corresponsales de correos electrónicos hablaron de hombres que tenían un oído «selectivo» y atestiguaron de su total falta de capacidad para expresarse. Además, dejaron claro que los hombres tienden a ofrecer soluciones a los problemas antes de entender bien las cosas, y que siempre estaban tratando de «resolver» en vez de escuchar.

«Culpables de lo que se les acusa». Los hombres sí tienen problemas al escuchar y sí tratan de resolver los problemas. Sin embargo, quizá sea por la forma en que se entrega el mensaje. Recuerda que si no vas al grano en seguida, la mente se le desvía pronto.

Creo que los hombres sí escuchan; solo que no siempre oímos lo que dicen las mujeres. A veces estamos preocupados. Otras veces tiene que ver con la forma en que funciona nuestra mente con ese constante programa de «busca y destruye» que va tras el problema para resolverlo. Escuchamos de manera selectiva porque estamos oyendo del problema y pensando en la solución. Todo lo demás es ruido. A decir verdad, a veces es difícil vadear todos los detalles que insertan las mujeres todos los días en su conversación. No parecen relevantes al caso que se tiene entre manos.

Además, el que un hombre no haga contacto visual contigo no significa que no esté escuchando. La mayoría de los hombres no puede procesar lo que está escuchando si tiene que mantener contacto visual por más de un par de segundos sin mirar a otro lado.

John Gray, un experto en comunicaciones y relaciones dice: «Cuando un hombre escucha, su tendencia básica es mirar a otro lado para pensar lo que se le está diciendo [...] Si un hombre se queda mirando a una mujer en los ojos cuando esta le habla de sentimientos, la mente comienza a quedársele en blanco y se le va»[4].

Otra cosa que se repite a menudo en cuanto al asunto tiene que ver con la mala memoria de los hombres, lo que es probable que esté ligado a no saber escuchar (por lo menos, así lo creen las mujeres). Doy por sentado que la queja sobre la mala memoria de los hombres tiene que ver con cosas como acordarse del cumpleaños de la esposa, su aniversario de boda, la ropa que ella usó la primera vez que salieron, recoger a los niños en la escuela, etc. ¿Tienen mala memoria los hombres? Es probable, aunque no me cuesta recordar las estadísticas deportivas. Tampoco tengo problema en cambiarle el aceite al auto con regularidad. Y todo varón estadounidense de sangre roja de más de cuarenta y cinco años de edad puede recordar cuándo Carlton Fisk bateó el cuadrangular ganador en el sexto juego de la Serie Mundial de 1975 contra los Rojos de Cincinnati. Así que quizá los problemas de memoria de los hombres se deban a cuestiones que no les interesan demasiado.

Por lo tanto, si el que tu esposo recuerde ciertas cosas te es importante, he aquí cómo pudieras ayudarlo. Fomenta la expectativa. Si bien sé que el que los hombres recuerden los aniversarios y los cumpleaños para las mujeres significa que las aman más, los hombres están más orientados hacia la acción. Quizá exhortándolos en buena forma (muchas veces) a que traten de recordar el próximo aniversario creará un aire de competencia que les gustará. Procura que se ponga en juego algo que los motive a darle una alta prioridad a triunfar.

Dos veces en veintiséis años de matrimonio, mi esposa me ha cocinado su fabuloso *rigatoni*. Cocina los macarrones y luego los rellena con una deliciosa combinación de embutidos italianos, carne molida, espinaca y tres tipos de quesos. Entonces, vierte su especial receta hogareña de salsa roja (preparada a fuego lento todo el día) y quesos rayados encima antes de hornearlos hasta que queden doraditos y los sirve con pan de ajo. Claro que recuerdo los cumpleaños y los aniversarios de ella *y* los de todas sus amistades con tal de saborear su *rigatoni* casero. ¡Eso es motivación y expectativa! Desde luego, ya soy un viejo, así que la comida en los últimos años ha ocupado el primer lugar como elemento motivador en mi vida.

Él es desconsiderado y egoísta

Sin dudas, este es el mayor problema que dijeron las mujeres que les fastidiaba más de los hombres. Mi buzón de correos electrónicos se inundó de comentarios como estos: «Desconsiderado. Hay que pedirle, a veces más de una vez, que haga cualquier cosa» o «Egoísta. Siempre tiene que ser el primero», o «No piensa en los demás en ciertas circunstancias», o «Planea algo y no piensa en el trabajo que requiere concretarlo, sobre todo cuando cuenta con que lo haga yo», o «No se responsabiliza de lo que hace o dice».

Quizá el comentario más gracioso (y más cierto) que recibiera fue «Los hombres tomarán el "camino de la pereza" si se les da un 0,00001 % de opción».

En nuestra defensa diré que sospecho que esto está programado en nuestro ADN debido a eones de tener que conservar nuestras energías cuando no estamos cazando. Fallar en las cacerías era morir de hambre, así que era importante conservar la energía para poder cazar y combatir a los depredadores en casos de ataque. Si estabas cansado de cortar leña, recoger bayas o barrer la cueva, te perdías la oportunidad de matar para comer, o estabas demasiado cansado para proteger a tu familia del ataque de un oso. Así que en verdad no somos perezosos, sino que estamos conservando la energía hasta que se necesite. Si no te tragas esto, bueno, por lo menos parece razonable.

Sí, los hombres pueden ser perezosos. Y todos permitiremos (y hasta alentaremos) que una mujer nos haga algo si está dispuesta. Culpa a nuestras madres. Su disposición a hacer las cosas de sus hijos dio lugar a esa mentalidad. Piensa en eso con tu propio hijo.

Algunas veces los hombres son desconsiderados, pero no a propósito. Sé por experiencia que las mujeres casi siempre son más sensibles, sobre todo en cuanto a lo que se dice en las conversaciones o en las observaciones improvisadas. Los hombres a menudo están pensando en otras cosas y no se dan cuenta de que son desconsiderados o insensibles. Muchas veces si nos dicen por qué y en qué sentido somos desconsiderados, podemos ofrecer una explicación o cambiar nuestro comportamiento. Repito, pienso que tu chico quiere hacerte feliz; solo que necesita saber cómo hacerlo.

Hubo muchos comentarios en cuanto a que los hombres no cumplen a cabalidad con sus compromisos y sus promesas. Es importante recordar que la mayoría de los hombres no le da tanto valor a la comunicación verbal como lo hacen las mujeres. De nuevo, por eso es importante juzgar a un hombre por sus hechos y no por sus palabras. Sin embargo, esa es otra categoría...

Él nunca cumple a cabalidad

Muchas mujeres dijeron que los hombres no cumplen lo que prometen. Las mujeres sentían que tenían que estar recordándoles las cosas a sus esposos y quedando como «regañonas». La mayoría de las quejas tenían que ver con no completar proyectos o tareas en el hogar.

Sé que esto parecerá poco convincente, pero los hombres olvidan las cosas que no les interesan. Muchas veces lo que es importante para ti, para él no tiene mucha prioridad. Eso no quiere decir que no intentaba hacerlo, sino que estaba en un nivel bajo en su lista de prioridades. No somos buenos en hacer muchas cosas a la vez. Como consecuencia, olvidamos cosas que de veras íbamos a hacer porque otra cosa nos distrajo. Todos los días, un hombre tiene una lista de prioridades que atender. Lo lamentable es que algunas tareas rutinarias van bajando en la lista cada día.

Algo que parece encajar bien en esta categoría es el fenómeno de los hombres que nunca pueden hallar nada. Como dijera una mujer: «Aun si lo tiene frente a él, me tiene que preguntar para encontrarlo». Por lo general, lo encabeza con: "¿Dónde me pusiste mi...?". ¡Como si me pasara el tiempo libre escondiéndole las cosas!».

Me apena un poco reconocer que sufro de esta enfermedad. Puedo tirar al suelo una gaveta o un armario y no hallar lo que busco, por mucho que mire. Mi esposa, en cambio, puede llegar y hallar lo que busco en un instante, a menudo justo delante de mí. Esto parece suceder con regularidad. Tengo que rascarme la cabeza con asombro porque mi esposa me acusa de que no miro, cuando sé que he hecho todo lo que podía. Pienso que muchos hombres tienen el mismo defecto, como si fuera una deficiencia del género masculino.

Su actitud

Varias quejas tienen que ver con la actitud del hombre. Las mujeres acusan a los hombres de estar siempre pensando lo peor en cualquier situación, y de que les cuesta reconocer cuando están equivocados y disculparse (aunque uno pensaría que seríamos buenos en eso, pues tenemos mucha práctica). También sienten que los hombres necesitamos controlar y a veces nos falta humildad.

A la mayoría de nosotros nos cuesta reconocer cuándo estamos equivocados. Quizá porque esperamos tener razón, esto provoque temores de fracaso en nosotros. Estar equivocados es parecer débil. Casi todos los hombres le presentamos al mundo una careta o un frente falso. El rostro que le mostramos al mundo y cómo nos sentimos por dentro es bien raro que sean lo mismo. A pesar de nuestra apariencia de tipo fuerte, esa fachada de tener las riendas y saber lo que hacemos (nunca estar equivocados) a veces oculta un corazón y un ego vulnerables. Los hombres presentamos esta fachada porque en lo secreto nos sentimos inadecuados. Nos sentimos como impostores que van por la vida fingiendo lo que no son. Sobre todo si un hombre competente y mayor no nos preparó ni nos mostró cómo hacerlo, jamás nos sentimos confiados de que seremos capaces de manejar las expectativas que nos lanza la vida. Con todo y eso, nuestras familias y el mundo a menudo esperan que seamos perfectos y nunca cometamos errores.

Una vez que un hombre se casa, esa fachada se levanta una y otra vez por una de dos razones. La levantará por voluntad propia si ha aprendido a confiar en su esposa lo suficiente, o la echará a un lado de forma involuntaria cuando su carácter sea tal que la fachada ya no pueda seguir ocultando sus defectos. El hombre que se vale de esa falsa careta para ocultar sus defectos, y no solo para protegerse de sus vulnerabilidades, no podrá impedir que su verdadera naturaleza salga a la luz. Los comentarios de varias mujeres indicaron que no reconocían que la falsa fachada de su esposo ocultara defectos de carácter. Esos hombres les habían dado una vida de angustia y desesperación.

Su participación (o falta de esta) en la crianza de los hijos

He recibido muchos comentarios sobre hombres que no han estado dispuestos a ayudar con la disciplina ni aplicar castigos. Sí, muchas mujeres sienten que el esposo les ha dejado toda la responsabilidad del hogar y los hijos sobre sus hombros.

Una gran protesta era que los hombres consideraban el cuidado de sus propios hijos como una «labor de niñeras». Una mujer dijo: «Daba por sentado que yo tenía que atender a los niños siempre, aun cuando él no estuviera en el trabajo. Solo me anunciaba si iba a ir a alguna parte por las noches, pero yo sí tenía que preguntarle si podía atender a los niños cuando yo iba a salir. No es "labor de niñeras" si se trata de tus hijos».

¡Huy! Esto duele mucho. Mi esposa aclaró con bastante firmeza bien al principio de nuestra aventura en la crianza de nuestros hijos que el cuidado de los niños no era labor de niñera. Parecía algo que no era negociable, así que me adapté y cambié de actitud. No es que yo con gozo la alentara a dejarme solo con los niños con frecuencia, pero me lo tragaba y asumía como hombre cuando ella lo hacía. Quizá sea un secretito entre los hombres que sabemos lo duro y agotador que puede ser cuidar de esas fierecillas. No nos gusta confesárselo a nuestras esposas, pero entre nosotros sabemos que la mayoría de las veces es una responsabilidad que con muchísimo gusto les cedemos a nuestras esposas.

Trabaja demasiado

Muchas mujeres objetaron que sus hombres se preocupaban más de su trabajo y los asuntos relacionados con este, o que ponían al trabajo antes que a su familia. Para equilibrar esto un poco, supongo que trabajar es mejor que la alternativa. Algunas mujeres han tenido que soportar a hombres que hacen poco o nada para ganar el sustento de su familia.

Las mujeres dijeron también que los hombres pensaban que el trabajo que hacen fuera de la casa era de más valor e importancia que lo que la esposa hace en la casa. O si la esposa trabaja fuera, considera más importante y valioso su trabajo que el de ellas, dado que la esposa es la que tiene que sacar tiempo del trabajo para atender a sus hijos enfermos, llevarlos al médico, etc.

En mi opinión, son quejas muy razonables. Sin embargo, me pregunto si debido a que los hombres se sienten obligados a proveer para sus familias, le dan más importancia a su papel. Su carrera es una parte importante de la imagen que tiene de sí mismo. A muchos hombres que conozco les encantaría sacar tiempo libre durante el día y llevar a sus hijos al dentista (seguido de helados) o asistir a las reuniones de padres y maestros. Aun así, la posibilidad de perder su empleo es demasiado alta para perjudicar su carrera. Muchos hombres piensan que sería irresponsable de su parte. Además, aun si no lo reconocen, creo que muchos empresarios son más indulgentes con las mujeres que pierden horas de trabajo por cuestiones familiares que con los hombres.

Pareciera que la persona que sea el «principal» sostén de la familia, hombre o mujer, debe ser de la que menos se espera que realice actividades extracurriculares fuera del trabajo. No se trata de que el trabajo de ambos no sea importante, sino de que siempre el trabajo de uno de los dos va a ser *más* importante en el cuadro total.

Ser el principal sostén de la familia quizá no tenga que ver solo con el dinero. Por ejemplo, si tu profesión es más segura que la suya y con más posibilidades de avanzar, tu trabajo pudiera ser el más importante. No obstante, si este pudiera detenerse si quedas en estado, quizá el de él sea el más seguro a la larga.

¡Quiere tener relaciones sexuales a TODA hora!

Si recuerdas el capítulo sobre las relaciones sexuales, ya sabes que Dios creó al hombre de esa manera. Tu hombre no tiene mucho donde escoger en cuanto a eso. De veras que no puede evitarlo.

De modo que míralo de otra manera: es muy halagador para ti que te desee físicamente, aun si te parece que es «a toda hora». Aparte de ser el sostén de la familia, las relaciones sexuales son una gran manera de expresarte su amor. Me parece que sería mucho más preocupante que *dejara* de desearte.

Piensa esto también: es muy devastador para un hombre la humillación de pedir relaciones sexuales y que se las nieguen siempre. Es como que le supliques que te hable y te lo niegue, y a veces te dé un tratamiento de silencio de varios meses. Las relaciones sexuales lo ayudan a relajarse, y lo mantienen saludable de manera emocional, psicológica y física. Además, es la mejor manera (en su mente) en la que puedes mostrarle tu amor.

Entiendo que las mujeres se cansan, sobre todo cuando hay niños pequeños en el hogar. Y cuando están cansadas, no tienen deseos de relaciones sexuales. Entiendo también que algunos hombres no se dan cuenta de que hay que arrancar el motor antes de echar a andar el auto. Sin embargo, me han dicho (una mujer que debe saberlo) que si la mujer sigue adelante con una buena actitud aun cuando no tiene deseos, el cuerpo se sobrepone y tiene una experiencia agradable a pesar del poco nivel de entusiasmo inicial.

Las mujeres me preguntan con exasperación durante los seminarios si eso mejorará algún día, si esos impulsos disminuirán en los hombres. Les digo que no, según mi experiencia (ante lo cual sacuden la cabeza con resignación). Los estudios señalan, en cambio, que los impulsos sexuales de la mujer a menudo aumentan entre mediados de los treinta y los cuarenta años de edad, mientras que los del hombre declinan. Esto debería ponerte en un campo de juego parejo el uno con el otro.

Falta de liderazgo en el hogar

Montones de mujeres comentaron la falta de liderazgo del hombre en el hogar. Muchos son demasiado pasivos y apáticos en cuanto a guiar a la familia. Se debe a varios motivos, algunos buenos y otros no tan buenos. Sé que muchos son buenos y están tratando de hacer lo mejor que pueden por sus familias.

Esta queja quizá dependa de diferentes factores. Por ejemplo, ¿le *permite* su esposa dirigir? Muchas se quejan de la falta de liderazgo del hombre en el hogar, pero jamás sueltan las riendas lo suficiente *para* que dirija. ¿Critica ella sus intentos de dirigir? Un hombre no se va a arriesgar a dirigir si lo van a cuestionar cada vez que toma una decisión o a criticar cuando comete un error. ¿Está la esposa dispuesta a seguirlo? He conocido mujeres que por nada seguirían a un hombre por buen líder que este fuera.

A veces tenemos que cavar hondo en nosotros para reconocer las cosas que más nos irritan de los demás. ¿Estás permitiendo que tu esposo sea el que dirija en tu hogar?

Si quieres alentar a tu esposo a que sea el que dirija en el hogar, tienes que dejar que dirija a *su* manera. Recuerda que sus métodos muy a menudo no serán como los *tuyos*. Al principio, vacilará al dirigir. Un estímulo positivo tuyo será valioso cuando vaya asumiendo su papel de líder. Además, entiende que si no ha desempeñado ese papel antes, no puede de repente asumir todos los aspectos de la posición. Tendrá que dar pequeños pasos por un tiempo y adquirir confianza en su nuevo papel y con tu actitud referente a ese papel.

Bono: El asiento del inodoro

Esto no encaja de veras en una categoría dada, pero como muchas mujeres lo citaron como irritante, lo incluí como una molestia extra. No estoy muy seguro de por qué lo es, pero en cuanto al asunto de si subirlo o bajarlo, jamás pensé que sería un gran problema. Sé que a algunas mujeres (está bien... a todas) las vuelve locas, pero siempre pensé: *Yo tengo que subirlo sin excepción, ¿qué tiene de malo que ellas tengan que bajarlo cada vez?*

Cuando le pregunté a mi esposa qué logró al respecto con los hombres de su casa, murmuró algo de «años de regaños y quejas...», mientras pasaba por allí con un bulto de ropa para lavar. Sin embargo, en serio, he hecho un consciente esfuerzo por bajar la tapa del inodoro cada vez... pero solo hace poco. Al principio, lo hacía porque ella se quejaba y me resultaba mejor hacerlo que oír sus regaños. No obstante, después comencé a hacerlo como una cortesía porque sabía que la pondría contenta. Lo hago ahora porque es lo que ella quiere y es una manera sencilla de respetarla. Ahora que lo pienso, era algo bien fácil. No es que fuera difícil ni que no pudiera recordarlo si de veras lo quisiera. ¿Lo había estado haciendo para irritarla? ¿Sería un pequeño intento de vengarme por algo que estaba haciendo que me molestaba? (Dicho sea de paso, ¿esas curiosas pequeñas señales que se dejan sobre el inodoro para recordarle al hombre que debe bajar la tapa? ¡No dan resultado!

Lo obvio para mí fue que, como ella ha ido aprendiendo a través de los años a suplir mis necesidades, ahora *quiero* hacer cosas que la honren y la hagan feliz. Soy consciente de esas cosas (como bajarle la tapa al inodoro) de las que antes no lo estaba, quizá porque pasaba la mayor parte de mi tiempo pensando cómo me iban a satisfacer mis necesidades.

Vale la pena pensarlo: si bajarle la tapa al inodoro y poner papel sanitario en el carrete son los grandes problemas de que te quejas, quizá la vida sea bastante buena.

Los diez hábitos más molestos de las mujeres

1. Interrumpir en las mejores jugadas deportivas en la televisión.
2. Ser malgeniosas y posesivas.
3. Usar nuestra máquina de afeitar para rasurarse las piernas y las axilas.
4. No rasurarse las piernas ni las axilas.
5. Quejarse a toda hora.
6. Hablar en clave.
7. Ser demasiado emotivas.
8. Siempre estar criticando a otras mujeres.
9. Hablar como bebé... no digo más.
10. Probarse quinientos vestidos diferentes y preguntar: «¿Cómo me queda?».

Los hombres tienen algo de enigmáticos. Pueden cortarse por accidente un pulgar con una sierra, recogerlo, envolverlo en hielo y conducir su auto al hospital sin pestañear siquiera. Sin embargo, ponlos a cambiar un pañal y comienzan a sentir náuseas y a volverse inútiles.

Cuando repasaba las diez quejas principales de las mujeres, la mayoría de las cosas en esta lista no me parecían tan importantes. Algunas eran insignificantes, aunque eran hábitos bastante molestos. Aun así, comparado con conductas destructivas como la infidelidad, las conductas abusivas, los vicios, los delitos financieros, la mentira compulsiva y la conducta difamatoria, estos rasgos son agravantes menores en las relaciones.

Y, como sabes, las mujeres tienen también cosillas que molestan a los hombres.

Lo lamentable es que dadas las presiones de todos los días, estas cuestiones sin importancia pueden volverse una bola de nieve y convertirse en algo grande que puede dañar sus relaciones. Si puedes mirar el panorama total a la luz de cómo estos asuntos se comparan en importancia al conjunto de lo que son sus relaciones, pudieras reconocer la posición relativa que ocupan.

En vez de concentrarte en las minucias, a veces es bueno activar tu sentido del humor o practicar tu capacidad de contar hasta diez.

Como no podemos cambiar a los demás sino solo a nosotros mismos, quizá un cambio de perspectiva pueda ayudar a lidiar o entender algunas de esas conductas agravantes. Tal vez un hombre que sea buen proveedor y proteja a la familia aunque a veces no cierre la tapa del inodoro, se merece un poco de tolerancia. Si tu esposo juega con los niños y es fiel a sus votos matrimoniales, quizá no sea tan grave que de vez en cuando olvide alguna tarea doméstica o lavar los platos.

Algunas veces es fácil concentrarse solo en la piedra que tienes en el zapato. Si haces un alto y te fijas en todas las cosas que tu hombre *hace* por ti, en vez de fijarte en sus defectos, te será fácil notar que de veras se empeña en tratar de hacerte feliz. Quizá, en general, sea un hombre bastante bueno... y por eso te casaste con él. Me temo que muchas veces no le das todo el reconocimiento que merece. Es más, podría ser algo bueno que te hagas una lista de sus cualidades para que puedas repasarlas de vez en cuando. No olvides que es fácil culpar a alguien que no puede o no quiere estar defendiéndose. Como dijera una mujer: «Comprendí que solo tenía que tomar un calmante. Estaba inflando las cosas más allá de su importancia».

La próxima vez que te enojes o estés a punto de volverte loca por ver una de estas diez cosas en tu hombre, respira profundo y recita estas dos oraciones siguientes. A continuación, cuenta las bendiciones que recibes de Dios.

La oración de la serenidad

Dios, concédeme la serenidad
para aceptar las cosas que no puedo cambiar;
el valor para cambiar las cosas que puedo cambiar;
y la sabiduría para conocer la diferencia.

Viviendo de día en día;
disfrutando de momento en momento;
aceptando las adversidades como un camino hacia la paz;
tomando, como lo hizo Él, este mundo pecador
tal y como es, y no como me gustaría que fuera;
confiando que Él hará que todas las cosas estén bien
si yo me entrego a su voluntad;
de modo que pueda ser razonablemente feliz con Él en esta vida
y sumamente feliz con Él
para siempre en la venidera.
Amén.

Reinhold Niebuhr

Confía en el Señor de todo corazón, y no en tu propia inteligencia. Reconócelo en todos tus caminos, y él allanará tus sendas.

Proverbios 3:5-6

10

Usa tu influencia con eficacia

> Las mujeres esperan que los hombres cambien cuando se casen, pero no es así; los hombres esperan que las mujeres no cambien, pero cambian.
>
> Bettina Arndt, *Private Lives*

Las expectativas determinan el éxito o el fracaso de nuestras relaciones. Muchas mujeres contraen relaciones pensando que un hombre puede tener algunos defectos, pero que en lo básico es buena materia prima para trabajar. Quizá se toma un par de cervezas demasiado de vez en cuando o se pasa horas jugando en la computadora, pero esas son pequeñas deficiencias cuando se nota el tipo de hombres que hay por ahí. Piensa que podrá ayudarlo a convertirse en el mejor de los hombres. Sin embargo, a través de los años, comienza a sentirse defraudada. Él no parece tener deseos de cambiar. Es más, se resiente y se resiste ante cualquier esfuerzo de ella por ayudarlo a ser un mejor hombre.

Los hombres también inician relaciones con expectativas irreales. Por ejemplo, creen que siempre va a ser la bella y bien proporcionada chica con la que se casó. En cambio, después que le pasan encima unos pocos años y un par de hijos, es irreal pensar que una mujer pueda mantener la misma figura que tenía a los veinte años. Los hombres también inician sus relaciones con la expectativa de que las relaciones sexuales regulares serán siempre parte del trato. Además, piensa que siempre será la chica agradable y encantadora que se desvivía por atenderlo y adivinaba sus deseos durante el noviazgo. Le molesta que, haga lo que haga, nunca parece sentirse satisfecha. Es más, a veces es desagradable por completo. También detesta un poco que quiera cambiarlo. Piensa: *¡Por el amor de Dios! Se casó conmigo tal como soy, ¿por qué quiere cambiarme ahora?*

Dadas esas divergentes expectativas, ¿cómo puede una mujer valerse de su influencia en una forma honorable para alentar la madurez en su hombre? Además, ¿qué acciones directas o indirectas puede tomar ella que beneficien a su hombre en su viaje hacia lo significativo?

Anima a que tenga otros amigo hombres en su vida

Los hombres necesitan a otros hombres. Se comunican mejor con los hombres. Al fin y al cabo, es difícil hacer chistes sobre flatulencia delante de las mujeres; por alguna razón, a ellas no les parecen graciosos. Deja que tu hombre tenga amigos. No va a dañar las relaciones entre ustedes. Más bien las mejorará... siempre que sean los hombres *adecuados*. Es probable que no sea buena idea que ande con hombres solteros.

El tipo de hombres con el que se junta ejerce una gran influencia en su actitud y su mentalidad. Si se rodea de hombres saludables, va a madurar y a desarrollar su carácter: le ponen alta la barra que debe saltar. Si se rodea de hombres nada saludables, le ponen bajita la barra, y concluirá que es bastante bueno y no tiene necesidad de cambiar ni de madurar. Las actitudes y las conductas malsanas de esos hombres pueden llevarlo a pensar que ciertos comportamientos son aceptables.

Los hombres buenos también le proporcionan la rendición de cuentas. Le impedirán que haga cosas indebidas y lo inspirarán a comportarse e intentar cosas buenas para él con las que casi nunca se hubiera puesto a prueba.

Los hombres que se aíslan de otros hombres no tienen un modelo con el cual compararse. Otros hombres le ponen alta la barra en la competencia. La competencia es parte importante en la vida de un hombre. Todos los hombres tienen éxito en un espíritu de competencia. Algunas madres me han dicho que sus hijos son aficionados a la lectura, pero no a los deportes y, por lo tanto, no son competitivos. Sin embargo, he jugado ajedrez con algunos de esos chicos que «no son competitivos» y les encanta vencerme lo más pronto posible y sin misericordia. También he visto competencias musicales más competitivas que las que he presenciado en el baloncesto o en un campo de fútbol. Incluso, los que están en el pastorado compiten con sus colegas, aunque en secreto.

Una manera en que puedes influir en tu esposo, a fin de que se rodee de buenos hombres, es que a propósito desarrolles relaciones con esposas de hombres buenos. A los hombres suele serles más difícil hacer amistades que a las mujeres. Tu destreza en esto puede allanarle el camino para que entable amistades que, por lo general, lo intimidarían.

Estimula el liderazgo espiritual

Las mujeres son un tanto místicas y quizá más espirituales que los hombres; al menos, eso es lo que piensan los hombres.

Por consiguiente, los hombres siempre están algo confundidos y tal vez hasta un poco atemorizados de las mujeres. Tienes eso de la intuición, y el ciclo mensual de la luna y la marea son un poco intimidantes y misteriosos para la mayoría de los hombres. Las mujeres también hacen un montón de cosas y usan un montón de productos que asustan a los hombres. Sus artículos de tocador son un desconcertante laberinto de nombres complicados y cosas que parecen instrumentos medievales de tortura. Por ejemplo, el rizador de pestañas. Estos instrumentos parecen sacados del estante de una cámara de tortura medieval. Me imagino a un pobre campesino encadenado a un colgadero que chilla mientras su enmascarado atormentador le aplica cera caliente a sus muslos a la vez que esgrime amenazadoramente un rizador de pestañas frente a su rostro.

Algunas veces las mujeres tienen una fe en Dios más profunda que el hombre promedio. Para ser franco, la iglesia no ha hecho buen trabajo en cuanto a captar la atención de los hombres ni en inspirarlos a la grandeza. La mayoría de los hombres no van a la iglesia con sus esposas o van para complacerlas, pero no participan de forma activa. Se espera que los hombres sean líderes espirituales en el hogar, pero no nos sentimos espiritualmente adecuados y sabemos que quizá no seamos la persona más espiritual en nuestro hogar.

Con esta perspectiva, ¿cómo puede una mujer influir para que su esposo sea el líder espiritual en el hogar?

Cuando acepté al Señor a los cuarenta años de edad, me sentí inadecuado por completo para ser el líder espiritual en mi hogar. No conocía las Escrituras, apenas sabía orar, y ni siquiera sabía el «cristianol», la jerga de la fe. Para empeorar las cosas, cada vez que me reunía con un grupo de hermanos maduros (entre ellos pastores), a mí era al que le pedían que orara en voz alta. ¡Vaya intimidación!

Sin embargo, mi esposa insistía con suavidad que yo fuera el líder espiritual en el hogar. Me presionaba para que tomara la iniciativa cuando me resistía. Siempre me pedía que diera gracias antes de comer y les dijo a mis hijos que me preguntaran a mí cuando tuvieran alguna inquietud espiritual. Lo hacía con gracia y fe. Por ejemplo, nunca mencionaba cuando yo hacía algo mal, y siempre celebraba mis esfuerzos ante nuestros hijos. Aun cuando es probable que fuera mucho más madura en la fe que yo, permitía que yo fuera el líder. *No esperaba que yo fuera perfecto, sino que hiciera mi mejor esfuerzo.* Eso me permitía cometer errores y aprender de estos sin preocuparme de que ella me fuera a corregir o que esperara que yo hiciera las cosas a su manera. Algunas mujeres piensan que la única manera adecuada de hacer las cosas es la forma en que las harían ellas. Esto pone a los hombres en una posición de perder siempre, porque es raro que los hombres hagan las cosas como las harían ellas.

Mi esposa también me animó a participar en actividades que pudieran ayudarme en mi crecimiento espiritual. Casi todos los hombres son reacios a asistir a talleres o a un retiro de fin de semana. Demasiado a menudo esas cosas requieren que seamos vulnerables, que cantemos y hasta que abracemos a alguien. Mi actitud era: «Tengo mucho que hacer por aquí, como cortar el césped, para asistir a un retiro de fin de semana». Sin embargo, ella siempre enfatizaba lo mucho que me habían aprovechado las otras actividades a las que había asistido. Siempre encontraba notas edificantes y de elogios en mi equipaje cuando me iba. Al final, siempre tenía la agradable expectativa de su emocionada actitud y mayor respeto hacia mí cuando yo regresaba al hogar.

Esas cosas me animaban a procurar el crecimiento espiritual aunque no me entusiasmara el esfuerzo que representaba.

Ayúdalo a ser un mejor papá

Tú tienes la gran facultad de ayudar a tu esposo a ser un mejor padre. Y no es por aconsejarlo. Tus palabras de aliento lo ayudan mucho en su paternidad. En realidad, eres lo más valioso que tiene como padre. Puedes proporcionarle información sobre la vida emotiva y los desafíos que enfrentan tus hijos que no podría conocer sin tu respaldo.

Además, tu edificación de él como padre y líder del hogar es algo poderoso para lograr el respeto de sus hijos. Tú puedes exaltarlo ante los chicos, quienes le tendrán un respeto que él mismo no se hubiera podido ganar. Si le muestras respeto y lo reconoces como líder, tus hijos lo harán también. Mi esposa los regañaba con severidad cada vez que manifestaban la más ligera falta de respeto hacia mí.

No obstante, si le faltas al respeto, es probable que tus hijos no lo respeten mucho tampoco. Una mujer que conozco suele criticar al esposo delante de sus hijos. El ejemplo que les da es el ejemplo que siguen.

Por último, eres un excelente barómetro que lo ayudará a ver cuán bien está actuando como padre. Necesita saber cuáles son las necesidades de sus hijos y cuándo hace algo bien.

Sueña con tu esposo

Ser un tipo promedio con un trabajo, una esposa, una hipoteca y dos hijos y medio puede ser un tanto aburrido. A menudo, todo eso parece mucho trabajo y nada de diversión. Los niños y los jóvenes varones crecen con sueños de grandeza y honor. Sueñan con ser estrellas de la Serie Mundial o héroes en el campo de batalla. Se ven a sí mismos venciendo imposibles antes de que, aun cuando estén heridos y exhaustos, ganen con suma valentía una épica batalla entre el bien y el mal. Observa en los juegos de los niños pequeños cómo su imaginación se les desenfrena con las posibilidades de la vida. La mayoría de nosotros jamás soñó con envejecer y terminar como contador, especialista en préstamos bancarios o dueño de una ferretería. Como para muchos hombres lo que hacen para ganarse la vida es lo que son, suelen terminar insatisfechos o decepcionados con lo que les deparó la vida. Este ha sido el caso por muchos años. En 1854, Henry David Thoreau se refirió a esto con su famoso verso: «La humanidad vive sumida en callada desesperación».

No es que no disfruten y que no se sientan realizados con sus esposas y sus hijos. Solo es que la mayoría de los hombres ansía una vida significativa, que los recuerden por cosas que no sean cuántos autos vendieron ni cuántos préstamos ejecutaron. Las cargas y las tensiones de proveer para el alimento, el techo y las necesidades cotidianas de una familia pueden ser enormes. El reto pasa al de hallar algo que le dé importancia a lo que hace un hombre: alguna meta o visión hacia la cual proyectarse que inspire e inflame su pasión.

Tener a una mujer que aliente sus sueños puede llenar la necesidad de riesgo y de aventura que tiene todo hombre, aun si la lleva oculta en lo más hondo del alma. Sin embargo, una mujer que se ríe de los sueños de un hombre y los cataloga de necios e infantiles, hace que los hunda aun más. A la larga, algunos hombres se desesperan tanto por llenar esta necesidad con «algo que no pueden determinar, pero que saben que esto no puede ser todo lo que da la vida», que comienzan a tomar malas decisiones y se arruinan la vida y la de los que lo rodean.

Pregúntale sobre sus sueños. Anímalo a descubrir algo que lo apasione. Pregúntale: «Si el tiempo y el dinero no fueran obstáculos, ¿qué te gustaría hacer por el resto de tu vida?». Aun si nunca hace nada por sus sueños, es importante que un hombre los tenga.

Vigila su salud

Muchos hombres no se cuidan bien. Por eso, cuando se enferme o tenga un problema de salud, haz que vaya al médico. Muchos hombres piensan que hacerlo es señal de debilidad o tienen miedo de ir al médico. Ahora que he pasado la barrera de los cincuenta años, todas las pruebas y las atenciones médicas parecen bastante invasivas. Si con suavidad insistes en que reciba exámenes y cuidados médicos, le estás diciendo que lo amas. Él necesita saber que te preocupa lo que sería la vida sin él, y que quieres que te dure mucho tiempo. Él quiere saber que lo *necesitas*.

Y cuando se enferma, quiere saber que lo cuidas. Sé que piensas que no es un bebé, pero a veces los hombres necesitan un poco de cuidado maternal. Un poco de cuidado amoroso de vez en cuando es un buen remedio para lo que lo aqueja.

Parte de ese cuidado es ver que siga una dieta saludable. Por lo general, los hombres comen lo que sea más fácil y rápido de preparar, lo que muchas veces se traduce en comida chatarra. Comer alimentos nutritivos es beneficioso para una salud prolongada. Aun si protesta, se dará cuenta de que lo amas y lo atiendes.

Procura que programe tiempo libre en el trabajo. Los hombres se concentran en su trabajo por numerosas razones. En primer lugar, porque es probable que reciba más reconocimiento en el trabajo que como esposo y padre. El trabajo le permite también medir sus logros, mientras que el progreso en cuanto a las relaciones y la paternidad es a veces ambiguo y confuso.

En segundo lugar, está orientado a obtener del trabajo su autoestima y el concepto que tiene de sí mismo. Tiene una sensación de logro en su trabajo. Mientras mejor hace su trabajo, mejor se siente en cuanto a sí mismo. Su destreza para ganar el sustento de la familia es su demostración de que los ama. En la antigüedad, cuando un cazador regresaba de una buena cacería, lo admiraban como salvador. Ese patrón de acción y reacción se ha mantenido a través de las edades.

Por último, a los hombres nos crearon para sentirnos compelidos a trabajar. Dios ordenó que los hombres trabajaran hasta su muerte; pero el trabajo sería difícil y en realidad una maldición (Génesis 3:19, 23). Los hombres que trabajan demasiadas horas y demasiado duro están sujetos a un alto nivel de estrés y hasta de agotamiento. El estrés es bien peligroso porque puede causar diferentes síntomas y enfermedades, entre ellas las del corazón, la supresión del sistema inmunológico, la tensión arterial alta, la depresión, los trastornos en la piel y la disminución del apetito sexual. Parte del esfuerzo por mantener un estilo de vida saludable es dejar tiempo libre para relajarse y renovarse.

Las vacaciones y los tiempos de asueto que se programan con regularidad evitan que el hombre corra estos peligrosos riesgos de salud. Muchos hombres, a menos que lo obligue una mujer capaz de influir, no van a sacar horas de trabajo porque están programados para sentirse perezosos o pensar que no están cumpliendo con su deber si no están trabajando. Una mujer ayudará a que su esposo se sienta mejor, en cuanto a sacar tiempo libre, si puede hacerle entender que, si bien aprecia sus esfuerzos, ella y sus hijos quieren pasar más tiempo a su lado.

Ora con tu esposo y por él

Lo mejor que puedes hacer por tu esposo y tu matrimonio es orar. Las mujeres oran por muchas cosas, sobre todo por sus hijos, pero a muchas se les olvida concentrarse en sus esposos. Ora por él todos los días.

Ora por su trabajo. Él necesita que su trabajo sea productivo y lo satisfaga. El trabajo es una gran parte de su vida. El trabajo puede hacerlo sentirse realizado o deslucido como hombre. No hay nada que desaliente más a un hombre que trabajar en algo que no lo satisfaga o que aborrezca... sobre todo si nadie aprecia que lo haga.

Ora por las tentaciones que enfrentará. Él necesita que lo ayudes en esto. Antes de cada seminario para mujeres que organizo, Suzanne ora pidiendo un cerco mayor de protección para mí, que ninguna se sienta atraída sexualmente hacia mí y que yo no me sienta tentado por alguna de las participantes. Piensa que sus oraciones como esposa tienen un poder y una influencia especial en todo esto, y tiendo a estar de acuerdo. Algunas mujeres creen que es tonto pensar que otra mujer pueda sentirse atraída hacia su esposo. Esa es una ilusión bien peligrosa. ¿No se sintió ella misma atraída hacia él? El hecho de que mi esposa esté tan convencida de que otras mujeres pueden sentirse atraídas hacia mí que implora la protección de Dios, le hace muchísimo bien a mi autoestima.

Los hombres tienen tentaciones a diario con otras cosas aparte de la lujuria. Muchos están en posiciones donde pueden sentirse tentados a robar, estafar o a faltar a sus principios. Suelen ser cosas pequeñas que parecen no tener importancia. Sin embargo, los hombres rara vez dan un gran salto de ser honorables a fallar de manera miserable. Lo hacemos haciendo pequeñas concesiones hasta que caemos en un abismo de pecado y desesperación. Por ejemplo, es raro que un hombre dé un gran salto de la fidelidad al adulterio. Lo más común es que haya habido una serie de pequeñas decisiones y concesiones durante cierto tiempo que lo condujeron a su caída decisiva.

Ora por su sabiduría y su discernimiento. Aparte de la salvación eterna, la mayor dádiva que Dios le da a un hombre es la de una gran sabiduría. La sabiduría puede ayudar a tu esposo en todo aspecto de su vida. Lo mejor de todo es que mientras más sabio sea tu esposo, más te beneficias tú.

El mayor crecimiento espiritual que mi esposa y yo hemos experimentado, por separado y como pareja, fue cuando comenzamos a orar el uno por el otro todos los días. A la mayoría de los hombres esto les parece bien difícil. El entusiasmo de Suzanne y su actitud de apoyo a la calidad de mis oraciones me inspiran a seguir haciéndolo aunque no tenga deseo. En mi opinión, este tipo de cooperación espiritual entre esposo y esposa enloquece al maligno. Este va a tratar de evitar que suceda esto, así que debes ser consciente de que cuando empiecen a orar juntos, ambos tendrán que esforzarse para continuar.

Por último, *dale gracias a Dios porque te dio un buen hombre*. Cualesquiera que sean sus faltas, lo más probable es que tu esposo te ame tanto que estaría dispuesto a dar su vida por ti. No hay muchos que estarían dispuestos a hacer ese tipo de sacrificio por ti. Sé agradecida por lo que tienes. Eso te mantendrá centrada en las cosas positivas de tu matrimonio. Ora para que el Señor te muestre la manera de amar, cuidar y respaldar más a tu esposo como parte de un equipo. Pídele a Dios que los mantenga unidos en una firme y satisfactoria relación matrimonial.

Tu esposo necesita ayuda en todas las cosas que te acabo de describir. Necesita una esposa que se asocie con él y lo ayude a ser todo lo que no podría ser sin tu presencia. Mereces un esposo que sea de veras masculino, pero solo puede lograrlo con tu aliento y tu influencia. Las acciones que describí en este capítulo pueden impulsar a tu esposo a ser el mejor de los hombres, ¡y quizá a la grandeza!

Una palabra final

Las mujeres tienen el poder de hacer que la vida de los que las rodean sea mejor con su sola presencia. Sé de mujeres cuya influencia en su familia y en los que la rodean es fenomenal. Están usando la influencia que Dios les dio en una forma que es vivificadora para todos los que las tratan.

He hablado de que los hombres alcancen grandeza. Algunas mujeres dirán: «Mi esposo no es más que un hombre promedio; jamás podrá ser un *gran* hombre». Bueno, quizá sea cierto... y de seguro lo será si nadie cree en él como solo lo puedes hacer tú. Tal vez nunca alcance la grandeza sin tu ayuda y tu fe en él. De todos modos, él *alcanzará* las expectativas que tengas de él. Todo hombre lleva dentro semillas de grandeza. Hay que regarlas y abonarlas para que crezcan. Creo que ese es un papel que te dio el Señor. Aun así, no es fácil. Es un papel que demanda valor y persistencia.

El hombre que tiene la dicha de tener a su lado una mujer así, se considera bendecido. Son mujeres de influencia. Han respondido al llamado de Dios a una norma de vida alta, a una vida en que desempeñan el papel que les concedió el Señor como compañeras y complemento en la vida de un hombre. Al desempeñar ese papel, no solo son de bendición a sus esposos y a sus hijos, sino que ellas mismas viven vidas de bendición, contentamiento y gran satisfacción.

Y ahora tú ya sabes la clave de cómo llegar a ser una *susurradora de hombre*.

Notas

Capítulo 1: El susurro de una mujer

1. Laura Schlessinger, *Cómo cuidar y tener contento al esposo*, HarperCollins, Nueva York, 2005, p. xvii.

Capítulo 2: Una masculinidad auténtica

1. Charles Colson con Harold Fickett, *La vida buena: Encuentre el propósito, el significado y la verdad en su vida*, Tyndale Español, Carol Stream, IL, 2006, p. 33, cursivas en el original.
2. *El reino de los cielos*, dirigida por Ridley Scott, *Twentieth Century-Fox Film*, 2005.
3. Ernest Gordon, *To End All Wars*, Zondervan, Grand Rapids, MI, 2002, pp. 105-106.
4. Donald Miller y John MacMurray, *Tu dragón interior: Reflexiones sobre una crianza sin padre*, NavPress, Colorado Springs, CO, 2006, pp. 139-140 (del original en inglés).

Capítulo 3: Nueve cualidades de los hombres buenos

1. Nota del traductor: *Toastmaster Internacional* es una organización mundial de comunicación oral y de liderazgo.

Capítulo 4: Nueve rasgos que lo frenan

1. Extractado de Gary y Merrilee Lewis, *Is He a Man or Just Another Guy? A Girl's Guide to Finding «M. Right»*, GLO Publishing, Bend, OR, 2002, pp. 41-43.

2. Wikipedia, tomado de la definición de «pasivo-agresivo:», http://en.wikipedia.org/wiki/Passive-aggressive-behavior.

3. Tomado de Lewis, *Is He a Man or Just Another Guy?*, p. 26.

4. James Lee Burke, *Crusader's Cross: A Dave Robicheaux Novel*, Simon & Schuster, Nueva York, 2005, p. 174.

5. *National Coalition Against Domestic Violence*, 1992, citado por Patricia Riddle Gaddis, *Dangerous Dating: Helping Young Women Say No to Abusive Relationships*, Waterbrook, Colorado Springs, CO, 2000, p. 44.

6. Departamento de Justicia, «Bureau of Justice Statistics: National Crime Victimization Survey», Washington, DC, agosto de 1995.

7. Ángela Thomas, *¿Crees que soy bella? La pregunta que toda mujer hace*, Editorial Unilit, Miami, FL, 2004, pp. 184-185.

Capítulo 5: Habla el lenguaje de tu hombre

1. Michael Gurian, *The Wonder of Boys*, Jeremy P. Tarcher/Putnam Books, Nueva York, 1996, pp. 14-15.

2. Florence Littauer, *After Every Wedding Comes a Marriage*, Harvest House, Eugene, OR, 1981, adaptado de las pp. 168-76.

3. «Differences Between Men and Women», *Relationship Institute*, http://www.relationship-institute.com/freearticles_detail_cfm?article_ID=151.

4. Frank Pittman, *Man Enough: Fathers, Sons and the Search for Masculinity*, G. P. Putnam's Sons, Nueva York, 1993, p. 248.

5. John T. Molloy, *Why Men Marry Some Women and Not Others*, Warner, Nueva York, 2003, p. 124.

Capítulo 7: El primer hombre en la vida de toda mujer

1. Lois Mowday, *Daughters Without Dads: Offering Understanding and Hope to Women Who Suffer from the Absence of a Loving Father*, Oliver-Nelson Books, Nashville, 1990, p. 64.

2. *Ibíd.*

3. *Ibíd.*, p. 60.

4. Victoria Secunda, *Women and their Fathers: The Sexual and Romantic Impact of the First Man in Your Life*, Delacorte Press, Nueva York, 1992, 211.

5. Ángela Thomas, *¿Crees que soy bella? La pregunta que toda mujer hace*, Editorial Unilit, Miami, FL, 2004, p. 58.

6. Frank Pittman, citado por Secunda en *Women and Their Fathers*, pp. 402-403.

7. *Ibíd.*, xvi.

Capítulo 8: La relación sexual *no* es un arma

1. Stephen Aerterburn, Fred Stoecker con Mike Yorkey, *La batalla de cada hombre: La guía que todo hombre necesita para ganar la guerra de la tentación sexual, una victoria a la vez*, Editorial Unilit, Miami, FL, 2003, p. 77.

2. Kevin Leman, *Making Sense of the Men in Your Life: What Makes Them Tick, What Ticks You Off and How to Live in Harmony*, Thomas Nelson, Nashville, TN, 2000, p. 130.

3. Shaunti Feldhahn, *Solo para mujeres: Lo que necesitas saber sobre la vida íntima de las mujeres*, Editorial Unilit, Miami, 2006, p. 76.

4. *Ibíd.*, p. 76.

5. Bárbara Defoe Whitehead y David Popenoe, «The State of Our Unions: Why Men Won't Commit-Exploring Young Men's Attitudes about Sex, Dating and Marriage», *The National Marriage Project*, Rutgers University, Piscataway, NJ, 2002, pp. 6-7.

6. Sharon Sassler, profesora de sociología, Universidad Estatal de Ohio, y James McNally, *Institute for Social Research*, Universidad de Michigan, estudio publicado en *Social Science Research*. Jeff Grabmeier, «Cohabiting Couples Not Likely to Marry, Study Finds», *Ohio State Research News*, http://researchnews.osu.edu/archive/cohabit.htm.

7. Whitehead y Popenoe, «The Status of Our Unions», p. 11.

Capítulo 9: Las diez principales cosas de los hombres que enloquecen a las mujeres

1. Sue Shellenbarger, «Men Do More Housework Than Women Think», *Wall Street Journal Online*, http://www.careerjournal.com/columnists/workfamily/20050520-workfamily.html.

2. Lisa Sullivan, Margaret Kelly-Hayes, Emelia J. Benjamin y Ralph B. D'Agostino, «Non-traditional roles may boost risk of heart disease and death», sitio web de la *American Heart Association*, 4/24/02, http://www.americanheart.org/presenter.jhtml?identifier=3002344.

3. William Pollack, *Real Boys*, Henry Holt & Co., Nueva York, 1998, p. 5.

4. John Gray, *Martes y Venus juntos para siempre*, Editorial Rayo, una división de HarperCollins Publishers, Nueva York, NY, Nueva York, 1994, p. 119.